まえがき

十年ぶりに戻ってきて

この本は「アンアン」に連載していた「村上ラヂオ」を一年分まとめたものです。順番は連載の通りになっています。僕は十年ほど前にもやはり「アンアン」で、同じタイトルの連載を持っていたのですが、そのあとは小説を書くのが忙しくて、とてもエッセイの連載どころではなくなってしまった。でも長篇小説『1Q84』を三年がかりでようやく書き終えて、肩の荷が下りたというか、「久しぶりにエッセイをまとめて書いてもいいかな」という気持ちになりました。

小説を書くときには、小説家は頭の中にたくさんの抽斗《ひきだし》を必要とします。ささやかなエピソード、細かい知識、ちょっとした記憶、個人的な世界観（みたいなもの）……、小説を書いているとそういうマテリアルがあちこちで役に立ちます。でもそういうあれこれを、エッセイみたいなかたちでほいほい放出してしまうと、小説の中で自由に使えなくなる。だからケチをして（というか）、こそこそと抽斗に隠してしまっておくわけです。でも小説を書き終えると、結局は使わずに終わった抽斗がいくつも出てくるし、そのうちのいくつかはエッセイの材料として使えそうだな、ということにもなるわけです。

僕は本職が小説家であって、エッセイは基本的に「ビール会社が作るウーロン茶」みたいなものだと考えています。でも世の中には「私はビールが苦手で、ウーロン茶しか飲まない」という人もたくさんおられるわけだし、もちろん手を抜くことはできない。いったんウーロン茶を作るからには、日本でいちばんおいしいウーロン茶を目指して作るというのは、物書きとして当然の気構えです。でもまあ、そう言いながらも、僕としては肩の力を抜いて、わりに気楽にこの一連の文章を書きました。肩の力を抜いて、わりに気楽に読んでいただければなによりです。

毎回美しい銅版画を描いてくださった大橋歩さんに深く感謝します。どんな絵が添えられるのだろうと、毎週心待ちにしていました。それも連載を持つことの大きな楽しみのひとつでした。

村上春樹

目次

野菜の気持ち

『世界最速のインディアン』という映画の中で、アンソニー・ホプキンズ演じる老人が、「夢を追わない人生なんて野菜と同じだ」と言っていた。

しばらく前に見た映画なので、細かいところは違っているかもしれないけど、だいたいそういう趣旨の発言だと記憶している。彼は「インディアン号」という骨董級のバイクを改造して時速三百キロを出すことを人生の目標にしている超ファンキーなじいさんで、隣家の男の子に向かってそう言う。なかなかかっこいい台詞《せりふ》ですね。

でも話はそこですんなりとは終わらない。男の子は「でも野菜って、どんな野菜だよ？」と聞き返す。そういう意外な突っ込みをされるとじいさんもけっこう困って、「ええと、どんな野菜かなあ。そうだなあ、うーん、まあキャベツみたいなもんかなあ」と話がついゆるい方向に流れてしまう。僕はだいたいにおいてそういう話のへたり方が好きなので、だからこの映画にわりに好感を持った。「夢を追わない人生なんて野菜と同じだ」で話がすっと終わっちまうと、たしかにかっこいいかもしれないけど、それでは野菜の

立場がなくなってしまう。そうですよね？

　僕はあまり肉を食べない人間なので、野菜がどうしても食事の中心になる。スーパーとか八百屋に買い物に行って、自分で野菜を選ぶのも好きだ。ぴちぴちと新鮮なキャベツを手にとって、さあ今日はこいつをどのように料理しようかと、期待に胸を膨らませてしまったりする。世の中にはきれいな娘さんを目の前にして、「さあ、今夜はこの子をどのように料理しようか」と期待に胸を膨らませる男の人も少なからずいるのだろうが、僕の場合は（だいたいにおいて）相手がキャベツとか茄子《なす》とかアスパラガスになる。良くも悪くも。

　このキャベツをさっと茹《ゆ》でて、アンチョビとあわせてパスタの具にしてもいい。油揚げと一緒に味噌汁にしてもいい。あるいは糸のように細かく刻んで、マヨネーズをかけてどんぶり一杯食べるのも悪くない……。頭の中でそんな妄想がどんどん膨らんでいく。欲望がそのかたちを明らかにしていく。そろそろ日が暮れようとしている。

　しかし何があろうと、僕の飢えた心がロールキャベツ方面に向かうことはない。僕は若い頃に飲食店を経営していて、毎日毎日いやというほどロールキャベツを作っていた。

だから正直言って、もうロールキャベツの姿だけは見たくないのだ。ほんとに。ロールキャベツには申し訳ないと思うのだけれど。

「夢を追わない人生なんて野菜と同じだ」と誰かにきっぱり言われると、つい「そうかな」と思ってしまいそうになるけど、考えてみれば野菜にもいろんな種類の野菜があるし、そこにはいろんな野菜の心があり、いろんな野菜の事情がある。ひとつひとつの野菜の観点からものごとを展望してみると、これまでの自分の人間としての人生っていったい何だったんだろうと、つい深く考え込んでしまうことになる（こともある）。何かをひとからげにして馬鹿にするのは良くないですね。

今週の村上　山手線の路線図はピーマンの形をしています。知ってました？

ハンバーガー

ホノルルに滞在しているとき、スーパー・マーケットに一人で買い物に行って、駐車場に車を停めて歩き出したところで、ホームレスとおぼしき白人の中年男に呼び止められた。やせて髪が長く、日焼けして、少ない簡素な衣服にサンダルをはいている。服装に関しては、ホノルル市の一般市民とちょっと見分けがつきにくいところもあるが、ホテルのプールサイドでダイキリを飲みながら日焼けしていたのでないことは、全体的な雰囲気からおおよそ想像がつく。

「すみませんが、とてもお腹が減って、ハンバーガーが食べたいので、一ドルくれませんか?」と彼は静かな声で言った。

これにはちょっと驚いた。街角に立って「小銭をくれませんか?」と呼びかけるホームレスの人はよく見かけるけど、目的と金額をそこまではっきり限定して援助(というのかな?)を求める相手に会ったのは初めてだったから。まわりを見てみると、駐車場の先には「バーガーキング」があり、肉を焼く匂いも微《かす》かに漂ってくる。

もちろん僕はその人に一ドルをあげました。ひとつには、すごくお腹が減っているときに、ハンバーガーの匂いがどこかから漂ってきたら、それはきっとつらいだろうなとつい同情してしまったからだし（そこには確かな実感がある）、もうひとつは、ほかのホームレスとはまったく違うオリジナルな訴えかけ方をする、その企画力に素直に感心してしまったからだ。

だから財布から一ドル札を出して、「ハンバーガーを楽しんで下さい」と言った。「ありがとう」とその人はやはり静かな声で、にこりともせずに言った。そして一ドル札をポケットにつっこみ、バーガーキングの方に、サンダルのクールな音を立てながら歩いていった。

「ハンバーガーと一緒にミルク・シェイクでも飲んで下さい」と言って、三ドルくらいあげるべきだったかなとあとでふと思ったけど、そのときはもう遅かった。僕はちょっとした考えが頭に浮かぶのに、ひとより時間がかかる性格なのだ。考えが浮かんだときには、だいたいいつも手遅れになっている。

さて、この話の教訓はいったい何か？

そう言われても、僕にもよくわからないけど、ひょっとしたら「人間の想像力というのは、ある程度限定された領域でないと、うまく働かないものだ」ということになるかもしれないですね。ただ単に「お腹減ってるんで、いくらでもいいからお金下さい」と漠然と言われたら、こちらもそんなに心を動かされなかったかもしれない。せいぜい25セントくらいを義務的にあげて終わったかもしれない。

でも「ハンバーガーが食べたいので、一ドルくれませんか?」と具体的に率直にイメージを提出されると、それだけで他人事とは思えなくなってくる。何かの事情で自分がもし相手の立場に置かれていたら、どんな気持ちがするものだろうと、思い巡らせてしまったりもする。だからほとんど反射的に一ドルをあげてしまうことになる。そして彼がそのお金でハンバーガーを食べて、わずかでも幸福な気持ちになってくれることを、心の隅で祈ってしまうのだ。

しかしどうせならミルク・シェイクも飲ませてあげたかったなあ。

今週の村上　最近買ったものの中では、ナイキのランニング用ヘッドフォンがいちばんのすぐれ物でした。

ローマ市に感謝しなくては

車の運転は好きですか？

僕は若いときからずっと街中で暮らしてきたので、車を持ったり運転したりする必要性をまったく感じなかった。地下鉄やバスやタクシーなんかで、日常の用はおおかた済んでしまう。

でも三十代の後半、ギリシャとイタリアに何年か住んだことがあって、そのときに「これは車なしにはとても生きていけない」と痛感し、がんばって運転免許を取り、車を買いました。というわけで、僕は若葉ドライバー時代の大半をローマで送ることになった、とひとことで言ってしまうと簡単なんだけど、ローマで初心者が車を運転するというのは、実に命の縮まるようなことなのだ。なにしろローマ市民はいったんハンドルを握るとやたら攻撃的になるし（運転はうまいんだけど）、道路はどこまでも入り組んでいて、一方通行だらけで何が何やらわからないし、ちょっとミスをしたり、タイミングが遅れたりするとまわりから派手なクラクション攻撃を受けたり、窓を開けて大声でののしら

れたりするし、縦列駐車はまさに悪夢だし、そんなこんなでずいぶん大変な目にあった。

でもそのおかげで、世界どこの都市に行ってもとくに物怖《ものお》じもせず、気楽にほいほいと運転ができるようになった。どんなに交通が混沌とした街でも「ローマに比べりゃなんてことない」というのが僕の変わらざる実感だ。それについては、僕はローマ市に深く感謝している。グラッツェ・ミーレ、ローマ。

イタリアで車を運転していて楽しいのは、マニュアル・シフトの運転が主流であることだった。大方の市民は小排気量のエンジンをシフト・チェンジで効率的にひゅんひゅん吹かせ、小気味よく街を走り回っている。そういうリズムをいったん身体《からだ》で理解すると、すっと自然に交通の流れの中に入っていくことができる。だから僕は今でもマニュアルの車じゃないと、運転していてもうひとつ落ち着かない。

僕の個人的な意見を言わせてもらえると、マニュアル・シフトの運転が上手な女性は魅力的に見えます。最近の日本ではオートマ限定免許のおかげで、その数がずいぶん減ってしまったけど、たまにマニュアルで運転している女性を見かけると、「いいなあ」と思う。機敏で賢そうに見える。きちんとした目的と明瞭《めいりょう》な視野をもって、自立的に人生を生きている人のように見える。実際はそうじゃないのかもしれないけど、何となくそんな感じがする。

たしかにマニュアルの運転は、オートマよりも要領を覚えるのに多少時間はかかる。足も一本余分に使わなくてはならない。でも自転車や水泳と同じで、いったん身体で覚えてしまえば、一生忘れることはない。そしてオートマしか運転しない人よりも、人生は目盛りひとつぶん確実に楽しくなる。本当ですよ。

エンジンの音に耳を澄ませ、ペダルのフィールにあわせてギアをチェンジしながら、トスカナの丘陵地帯にアルファロメオを走らせる喜びに勝るものを、僕はそれほど多く思いつけない。これから運転免許を取ろうと思っている女性は、もしよければマニュアル・シフトで免許を取って下さい。そして人生を豊かにシフトアップしようではありませんか。

今週の村上　必要があって、先日生まれて初めてバンダナを買いました。悪いことしてないんだけど、なんかどきどきしました。

パーティーが苦手

僕にはいろいろと苦手なものがあるけれど（たとえばジビエ料理とか、高層ビルとか、巨大カブトムシとか）、中でも苦手なのがセレモニーとスピーチとパーティーです。この三つが一度に重なったりすると――往々にして重なる――もう悪夢みたいなものになってしまう。

もちろん僕もけっこうな大人だし、いちおう社会化もされているから、どうしてもやれと言われればセレモニーに出て、手短にスピーチをして、パーティーで人並みに談笑するくらいはできる。しかし苦手なことに変わりはなく、無理してやるとあとでどっと疲れが出て、しばらく仕事が手に着かなかったりする。だからそういう場所には極力出ないようにしている。

そのおかげで義理を欠くような場合も時にはあったけど、静かな場所で静かに作品を書くのが小説家のそもそもの仕事で、それ以外の機能や行為はあくまでおまけに過ぎない。みんなにいい顔はできない、というのが僕の人生の大原則だ。作家にとっていちば

ん大事なのは読者であって、読者に自分のベストな顔を向けようと心を決めたら、それ以外のところは「すみません」と切り捨てていくしかない。

結婚式にも出席しない。昔はときどき出席したけど、三十を過ぎてからは、親戚のものも友人のものも全部断ることにした。僕がそこに顔を出したら、それからあとの結婚生活が円満に運ぶということが論理的に証明できるのなら、がんばって出ていくだろうけど、とくにそんなこともなさそうなので、丁寧に事情を説明してお断りしている。例外を作らないというのが、その手の招待をもっとも穏便に断るコツです。

これまでの人生で、何か楽しいパーティーに出席したことがあったかなあと、思い出そうとつとめたのだけど、残念ながらひとつとして思い出せなかった。そのかわりといそうか、楽しくなかったパーティーならいくらでも思い出せる。とくに文壇関係のパーティーはおおむねひどかったな。これなら暗いじめじめした洞穴の奥で巨大カブトムシと素手で格闘していた方がまだましだと思うことさえあった。

僕が考える理想的なパーティーとは、人数が全部で十人から十五人くらい、人々は物静かな声で語り合い、誰も名刺の交換なんかせず、仕事の話もせず、部屋の向こうでは弦楽四重奏団がモーツァルトを端正に演奏し、人なつっこいシャム猫がソファで気持ちよさそうに眠り、おいしいピノノワールの瓶が開けられ、バルコニーからは夜の海が見渡せ、その上に琥珀《こはく》色の半月が浮かび、そよ風はどこまでもかぐわしく、シルクシフォンのドレスを着た知的な美しい中年の女性が、僕にダチョウの飼い方について親切に丁寧に教えてくれる——といったようなパーティーだ。

「つがいのダチョウを自宅で飼うためにはね、村上さん、少なくとも五百平米の敷地が必要とされます。塀は二メートルの高さがなくてはなりません。ダチョウは長命な動物で、八十歳をこえて生きることもあり……」

彼女の話に耳を傾けていると、うちでダチョウを飼ってみてもいいかな、という気持ちにだんだんなってくる。

そんなパーティーなら足を運んでみてもいい。よかったら誰か開いてくれませんか。

今週の村上　ここのところデレク・トラックス・バンドの新しいＣＤをよく聴いています。歩きながら。いいです。

体型について

ランナーのみなさん、こんにちは。元気に走ってますか？

僕も走るのはけっこう好きで、よくレースにも出ます。走るのっていいですよね。お金もかからないし、シューズと道路さえあれば、いつだってどこだって簡単にできるし。

僕がときどき参加する、千葉県で開催されるフルマラソンがあって、このレースに参加すると、近くにあるホテルの、大浴場の割引入場券がもらえる。四十二キロを走り終えると、汗が乾いて白く塩になっているし、寒風に吹かれた身体も温めたいし、これはいいやと思って、一度その浴場に足を運んでみた。

服を脱いで浴場に入り、しばらくしてふと気がついたんだけど、まわりにいる人たちが全員、ほとんど同じ体つきをしている。もちろん長身の人もいれば、小柄な人もいるし、中高年もいれば、青年もいるんだけど、みんなだいたい痩《や》せて（少なくとも太っていなくて）、日焼けをし、髪が短く、引き締まった二本の脚を持っている。つまりそこにいる全員が、レースを走り終えたランナーだったのだ。

異様とまでは言わないけど、なかなか不思議な情景だった。普通の場合、僕らが公衆浴場とか温泉に入ると、そこには様々な、バラエティーに富んだ体型の人々がいる。痩せている人がいたり、太っている人がいたり、健康そうな人がいたり、あまり健康的ではなさそうな人がいたり、そういう各種各様の人たちが身体を洗ったり、お湯につかって世間話をしたりしている。僕らはそういう世界のあり方にごく当たり前になじんでいる。ところが、そこにいる全員が似た体型をしていると、それのどこがいけないというんじゃもちろんないのだけど、どうも視覚的に落ち着かない。だからわりに早々に風呂を出て引きあげてきた。

で、帰りの電車の中でふと思ったんだけど、もし熱海温泉のどこかの旅館で「世界スーパーモデル会議」みたいなのが開催されていて、普通のそのへんの女の人が知らずに大浴場に入ったら、まわりにいる全員が、世界中から集まった裸のスーパーモデルだったなんてことになったら、それはずいぶんおっかない体験なんでしょうね。きっと悪夢みたいだろうな。もし僕が女性だったら、そんな目にだけはあいたくないと思う。ちらっと見てみたいという気は、まあ、しなくもないけど。

＊

ボストンで暮らしているとき、近所のスポーツ・ジムに通っていたんだけど、そこはなぜか黒人青年のメンバーが多く、ある日オープンのシャワールームでお湯を浴びていてふと気づくと、まわりにいる全員がムキムキに筋肉を鍛えた、大柄な黒人の若者たちだったということがあった。これもなんだか緊張しました。おっかないというのでもないんだけど、異質な空間にふらっと迷い込んだような気がした。

そういう風に考えると、いろんな体型の、いろんな顔つきの、いろんな考え方をする人たちが適当に混じり合い、適当にゆるく生きている世界というのが、僕らの精神にとっていちばん望ましいのかなと思う。ま、とにかく、そんな無理してスーパーモデルみたいな体型になることないと思いますよ。ほんとに。

今週の村上　信号待ちの間サイドミラーで近くの猫を観察していたら、信号が変わったのを見逃して後ろの車に叱られました。

エッセイはむずかしい

雑誌にエッセイの連載を持っていて、あらためてこんなことを言うのはなんなんだけど、エッセイを書くのはむずかしいです。

僕は本来は小説家なので、小説を書くことはそんなにむずかしいとは思わない。もちろん簡単なことではまったくないんだけど、小説を書くのは僕の本職だから、黙ってやるのが当たり前、いちいち「むずかしい」なんて言っていられないというところはある。翻訳も副業として長くやっているけど、半分趣味みたいなものなので、とくにむずかしいという感覚はない。好きな作品を、好きなときに、好きなだけ訳している。それでむずかしいだの、骨が折れるだの文句を言い出したらばちがあたるだろう。

それに比べると、エッセイというのは僕の場合、本職でもなく、かといって趣味でもないので、誰に向けてどういうスタンスで何を書けばいいのか、もうひとつつかみづらい。はて、いったいどんなことを書けばいいのだろうと、腕組みをしてしまうことになる。

とはいえ僕にも、エッセイを書くに際しての原則、方針みたいなのはいちおうはある。まずひとつは人の悪口を具体的に書かないこと（これ以上面倒のたねを増やしたくない）。第二に言いわけや自慢をなるべく書かないようにすること（何が自慢にあたるかという定義はけっこう複雑だけど）。第三に時事的な話題は避けること（もちろん僕にも個人的な意見はあるけど、それを書き出すと話が長くなる）。

しかしこの三つの条件をクリアして連載エッセイを書こうとすると、結果的に話題はかなり限定されてくる。要するに「どうでもいいような話」に限りなく近づいていくわけだ。僕は個人的には「どうでもいいような話」がわりに好きなので、それはそれでかまわないんだけど、ときどき「お前のエッセイには何のメッセージもない。ふにゃふにゃしていて、思想性がなく、紙の無駄づかいだ」みたいな批判を世間で受けることがあって、そう言われると「ほんとにそうだよな」と思うし、また反省もする。小説に関しては、どのように批判されても「ふん、知ったことか」と開き直れるのに、エッセイに関してはそこまで厚かましくなれない。

だから連載エッセイを持つことはあまりないんだけど、たまに「そろそろエッセイをまとめて書いてもいいかな」という向こう見ずな気持ちになることがあって、それでこんな風に毎週、どうでもいいようなことをぽつぽつと書いています。くだらないと思っても、あまり怒らないで、適当に見逃してください。村上も村上なりに一生懸命やっているのです。

昔のアメリカ西部の酒場にはだいたい専属のピアノ弾きがいて、陽気な、罪のないダンス用の音楽を奏でていた。そのピアノには「ピアニストを撃たないでください。彼も一生懸命演奏しているのです」という張り紙がしてあったという。僕にもその気持ちはよくわかる。酔っぱらったカウボーイが「まったく下手なピアノ弾きやがって、このやろう」とずどんとピストルをぶっ放すこともあったんだろうな。そんなことをされたら、ピアニストだってたまらない。

ピストル、持ってないですよね。

今週の村上　千葉県で「グッド・ラック」という名前のラブ・ホテルを見かけました。がんばって下さい。

医師なき国境団

意味のない言葉遊びやら、ちょっとした下らない思いつきを文章にしたりするのが昔から好きで、暇をみつけてはよくやっている。

たとえば「国境なき医師団」という新聞の見出しを見ると、つい「医師なき国境団」という言葉が頭に浮かび、その話を書いてみたくなる。医師なき国境団って、いったいどんな団体なのだろう。医師を欠いた国境たちはどこで何を考え、何を企《たくら》んでいるのだろう？　実際に机に向かって書き始めたんだけど、あまりにも内容が馬鹿馬鹿しいのと、それから「真面目に活動している人々をからかうのは不謹慎だ」と腹を立てる人も出てきそうなので、途中でやめた。

小林多喜二の『蟹工船』が近年話題になっている。古典作品が見直されるのは良いことだ。しかし虐《しいた》げられたものの視点で世界を眺めるのなら、いっそ蟹の視点から見た『蟹工船』を書いてみたらどうだろうと思った。そりゃプロレタリアートも気の毒だけど、缶詰にされちゃう蟹はもっと気の毒じゃないですか。でも蟹の目で世界を見るのはけっ

こうむずかしいので、結局書かなかった。思想性もゼロだし。

「かあさんお肩をたたきましょ」という童謡に「真っ赤な芥子《けし》が笑ってる」という一節がありますね。これが子供の頃からずっと気になっていた。芥子はどんな風に笑うのだろう？　声をあげて笑うのだろうか、それとも何も言わずににやにやと笑うのだろうか？　一度、庭の隅で笑う赤い芥子の話を書いてみたかった。これは実際にちゃんと最後まで書き上げ、活字になって本にも収録されています。「面白かったよ」と言ってくれた人はまだ一人もいないけど。


今あげたような例はどれもおちゃらかなんだけど、同様のやり方でストレートな小説を書いたこともある。最初に書いたふたつの短篇小説『中国行きのスロウ・ボート』と『貧乏な叔母さんの話』はどちらも先にタイトルができた。そのあと、こういうタイトルで短篇小説を書くとしたら、どんな話になるだろうと考えた。

普通は順番が逆ですよね。先に物語があり、あとからタイトルがつけられる。僕の場合はそうじゃなくて、先に枠を作ってしまう。それから「えーと、このかたちの枠にいったいどんなものが入るだろう」と考える。

なぜそんなことをしたかというと、僕の場合、書きたいことがその当時とくになかったからです。小説は書きたかったんだけど、書くべきことを思いつけなかった。人生の経験もまだ乏しかったし。だから先にタイトルだけを作り、そのタイトルに合った話をどこかから引きずり込んできた。つまり「言葉遊び」から小説を書き出したようなところがある。

そんなのは文学的に不謹慎だと言う人がいるかもしれない。でもそうやってとにかく書いてるうちに自然に、「自分が本当に書きたいこと」がだんだんくっきりと見えてきた。書くという作業を通して、これまで形をとらなかったものが徐々にまとまった形をとっていった。「最初からこれを書かなくては」という『蟹工船』的な使命感ももちろん大事だけど、そういう自然さもまた、使命感と同じくらい文学にとって大事なんじゃないかと、えーと、それとなく考えております。それではまた来週。

今週の村上　トーマス・マンとカール・ユングって同い歳だったんですね。だから？　と言われても困るけど。

ホテルの金魚

外国でホテルに泊まると、サービスで果物や花を持ってきてくれることがある。定宿にしているホテルだと、気前よくワインの瓶をくれたりもする。一度そうしていただいた赤ワインを開けようとして手が滑り、真っ白なカーペットに中身をどっとこぼして、ホテルに迷惑をかけたことがある。親切にサービスしてそんなひどい目にあわされて、ホテルもたまったものではない。そのホテルのコンピュータの顧客情報には「村上には決して赤ワインは出すな」という注意書きが書き込まれているかもしれない。

何年か前、シアトルのとあるホテルに泊まった。部屋に落ち着いた頃、ボーイが丸いガラス鉢をもってやってきて、窓辺の机の上に置いた。彼は何も言わず、ただにっこりと微笑んで出ていった。鉢の中には金魚が一匹泳いでいた。どこにでもいるごく当たり前の小さな金魚だ。

そのときは「変わったホテルだな。部屋に金魚をもってくるなんて」と不思議に思っただけだった。でもやがて気がつくと、窓辺の椅子《いす》に座って何をするでもなく、半ば放

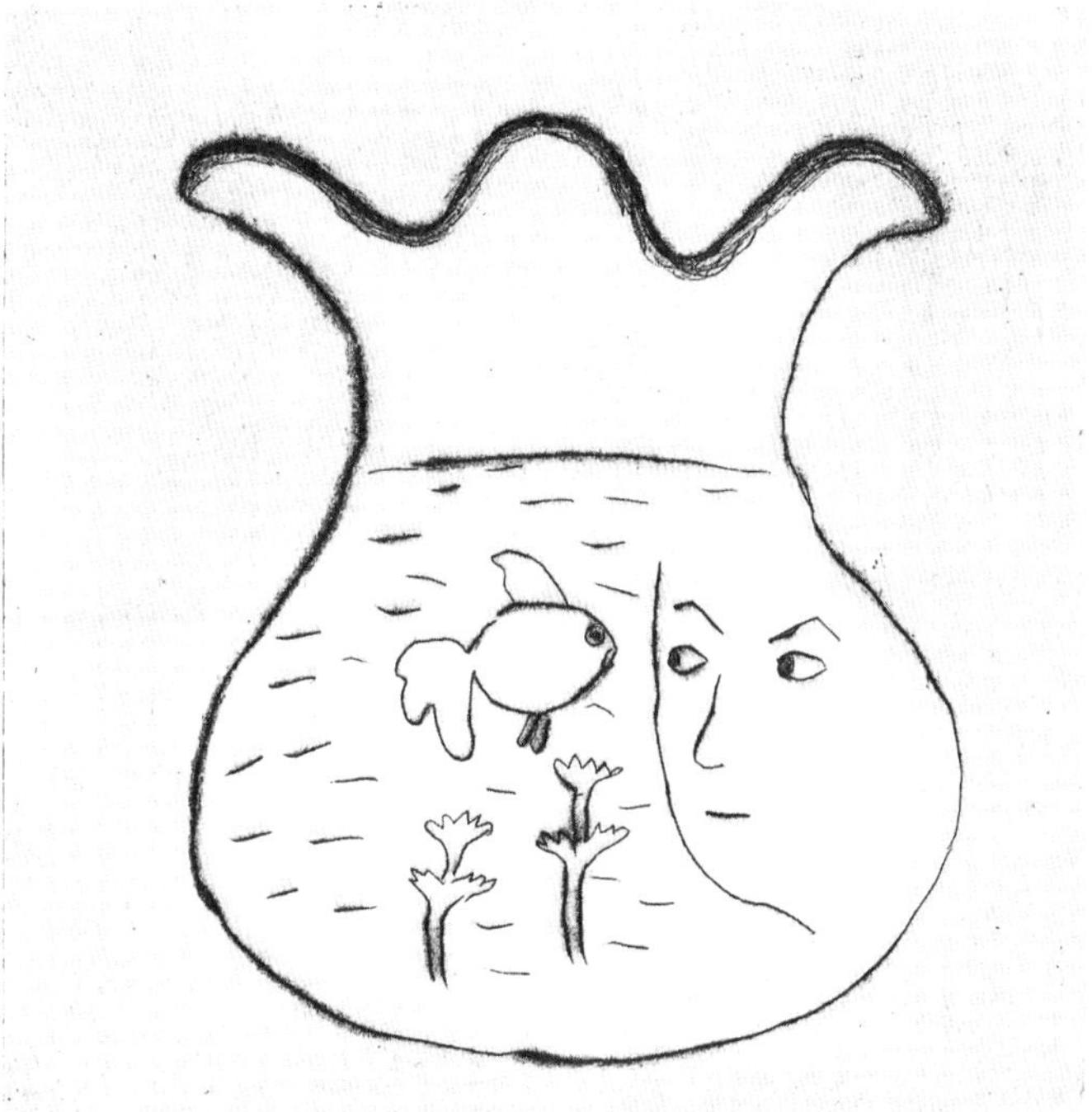

心状態でじっと金魚を眺めている自分の姿を発見することになった。金魚って、観察してとくに面白いことがあるわけでもないんだけど、そこにたたまいると、なんか真剣に見ちゃうんですよね。

でも外国の知らないホテルの一室で、意味もなく金魚を眺めているというのも、なかなか悪くないものだった。日常と非日常とがモザイクのように入り組んだ特別な空間が、部屋の一角に生まれたみたいだった。外には静かに異国の雨が降り、白いカモメたちがその中を飛んでいく。そして僕は何を思うともなく、ぼおっと金魚の動きを目で追っている。

そういうオリジナルな、それでいてさりげないサービスって、意外に長く心に残るものだ。と言いながら、そのホテルの名前がどうしても思い出せない。えーと、港に近くて、近所になかなかおいしいオイスター・バーがあったんだけど……。

うちで金魚を飼うのも悪くないかなと思って、インターネットで「金魚の飼い方」というのを調べてみたんだけど、これが思ったほど簡単ではないんですね。水の換え方、餌《えさ》の与え方、水温の管理、注意しなくてはならないことがたくさんある。金魚のかかる病気にも「白点病」「腐れ病」「穴あき病」「水カビ病」「松かさ病」「えら病」などがあり、その処置を講じなくてはならない。ダチョウのつがいを飼うよりはもちろんずっと簡単だけど、それでも僕は旅行が多く、家にいても半放心状態に陥ることがしばしばあり、生き物に対する責任を負い切れそうにないので、結局自前の金魚を飼うことはあきらめた。

言うまでもないことだけど、旅行の美点は普段の生活からとりあえず離れられるところにある。細かい日常的な責任を負う必要もない。シアトルの雨の午後、僕とその小さな金魚とのあいだで持たれた親密な——少なくとも僕には親密に感じられた——関係はたぶんその場で、そのときにしか持ち得なかったものなのだろう。

それはそれとして、昼下がりのバーで「クマモト」オイスターをつまみに飲む冷えたシャブリって、ほんと最高ですよね。

今週の村上　「挨拶」という字が書けません。20年くらい前から覚えなくちゃなと思いつつ、今に至っています。

アンガー・マネージメント

あなたは怒りっぽいタイプでしょうか？

僕も若い頃は、けっこう頭に血が上りやすい性格だった。でも早とちりや事実誤認があって、それで腹を立てるケースが少なくないことにあるとき気づき、「もっと用心して怒るようにしなくちゃ」と思った。何かでかっとしても、その場では行動に移さず、一息おいて前後の事情を見きわめ、「これなら怒ってもよかろう」と納得したところで腹を立てることにした。いわゆる「アンガー・マネージメント」だ。

実際にやってみるとわかるけど、どんなに腹の立つことでも少し時間がたつと、ナマの感情はおおむねトーンダウンしていくものです。怒りよりは「悲しい」とか「残念だ」くらいの地点に落ち着くことが多い。それで「ま、いっか。しょうがないか」ということになる。「考えてみたら、こっちも少し悪かったかもな」と（たまに）思ったりもする。おかげで人生のトラブルはずいぶん減ったはずだ。喧嘩《けんか》みたいなこともまずしない。そのかわり「これは怒って当然だ」と再確認できた少数のケースについては、冷静にいつ

までも腹を立て続けることになる。

その昔、アメリカのある映画監督から、レイモンド・カーヴァーの小説を原作に映画を作りたいのだが、本国で資金が集まらない。ついては日本で出資者をみつけるのに、翻訳者として協力してもらえまいか、という問い合わせがあった。今から思うと嘘みたいだが、当時日本はバブルの絶頂で、あちこちに金が余っていた。

僕はそういう方面には不案内だし、こちらには何の損得もないことだけど、カーヴァーはその少し前に若くして亡くなったばかりだったので、何かしてあげられればと思い、まわりの人にいちおう話を回しておいた。すると、ある企業の偉い人がその企画に興味を持ち、話を聞きたいということだった。誰でも知っている大規模小売り店舗を展開する企業で、文化事業に力を入れていることで知られていた。

会って話をすることになり、先方から会合場所を指定してきた。とある高級料亭だった。「なんで会社の会議室じゃいけないんだろう」と首をひねりつつ行ってみると、副社長とその秘書みたいなのが現れ、「村上さん、あなたはよく知らんだろうが、そもそも映画制作というのはですね」みたいなことを上座から偉そうに説教し、さんざん飲み食いして帰って行った。それっきりただのひとこともない。送られてきたのは、息を呑むような料亭の請求書だけ。映画の件もそのまま立ち消えになった。駄目なら駄目で仕方ない。お金のこともあきらめよう。でも結果がどうなったかくらい教えてくれたっていいじゃないですか。ねえ。

僕も当座はわけがわからず、ただ驚きあきれていたのだが、少しして、これじゃ体《てい》の良い食い逃げじゃないかと思った。そして「そうか、こんな実《み》のない連中が文化、文化と偉そうな顔をしていたのか。日本はそんな金まみれの情けない国になっていたのか」と怒りが込み上げてきた。故人への気持ちを踏みつけにされたようでもあり、後味が悪かった。以来この企業の店舗にはいっさい足を踏み入れない。

ということで、二十年ばかり変わらず腹を立て続けているんだけど、しつこいですかね？

今週の村上　「ワープロ」とか「ミニスカ」とか略されるのに、なぜセイタカアワダチソウはちっとも短くならないのだろう？

シーザーズ・サラダ

今日の昼ご飯はざるそばくらいでいいな、と思うことがありますよね。それほど空腹は感じないけど、何かちょっとお腹にいれておきたいというような場合。ところが外国に住んでいると、これができない。とくべつな都市を別にすれば、蕎麦《そば》屋なんてものはないし、またざるそばに相当するような食べ物も存在しない。

そういうときに僕はよくシーザーズ・サラダを注文します。アメリカのレストランではだいたい、シーザーズ・サラダは軽めのメイン料理としてメニューに載っているし、これだけ食べると、おおむねざるそばを食べたのと同じくらいの「摂取感」が得られる。もちろん味わいはおそばとはかなり違うけど。

シーザーズ・サラダは、ローマ皇帝ジュリアス・シーザーの名前からとったと思っている人が多いようだが、そうではなく、1920年代にティファナでレストランを開いていたイタリア系アメリカ人、シーザー・カルディーニさんの名に由来している。この

人がふとした偶然から、シーザーズ・サラダのレシピを即席で創り上げた、というのが定説になっている。なにしろ百年近く昔のことだし、僕も自分の目で見たわけではないので、確かなことはわからないけど、このレストランで最初に「シーザーズ・サラダ」なる料理がメニューに載り、それが当地で人気を博したことは間違いないようだ。

大のシーザーズ・サラダ好きとしては残念なことだけど、日本でシーザーズ・サラダを食べて「うん、これはおいしい」と思ったことはあまりない。それはたぶん正式な材料が、正式な分量で使われていないからではないかと推測する。簡単な料理だけに厳密さが大事になる。

まず何よりも、このサラダには処女のごとくぴちぴちした新鮮なロメインレタスが必要とされる。普通のヘッドレタスで代用されていることがあるけど、これは論外だ。サニーレタスなんか使われた日にはたまったものじゃない。具はクルトンと卵黄とパルメザン・チーズだけ。味付けは上質のオリーブオイル、すりおろしたガーリック、塩、胡《こ》椒《しょう》、搾《しぼ》ったレモン、ウースター・ソース、ワイン・ビネガー。これが正統レシピです。どうです。けっこうさっぱりしているでしょう。

もう少しボリュームのあるものを食べたいという人のために、ここにツナかチキンを具として加えたものが、多くのレストランのメニューには揃えてある。これは日本的にいえば、「天ざる」みたいな感じになるかもしれない。

本格的なレストランに行くと、料理人がテーブルまで来て、実際に目の前でこれだけの材料をささっと混ぜ合わせてくれる。これはなかなかの見物《みもの》です。ハーヴァード大学の正門近くにある某レストランには、「脱構築シーザーズ・サラダ」というメニューがある。要するにばらばらに材料を持ってきて、「あとは自分で組み立ててくださいね」というだけのものなんだけど、ネーミングが知的でかっこいいですよね。場所柄っていうか、さすがに。

夏の昼下がりに、アイスティーを飲みながら、ぱりっと鮮やかなシーザーズ・サラダを食べるのは、人生最大の喜びのひとつだとまでは言わないけど、なかなか心なごむものです。

今週の村上　「三時でも四時でもやろう、一時停止」という交通標語を思いついたんだけど、わりに下らないですね。

いわゆるミート・グッドバイ

去年のことだけど、スカッシュをしていて肉離れをおこした。フロントの壁に落とされたボールを突っ込むようなかっこうで取りに行ったら、ふくらはぎにボールがこんと当たったような感覚があり、「変だな、ボールは前にあるのに」と思ったときにはもう手遅れ。おかげで一夏、ろくに運動ができずに終わった。

聞いたところによれば、元巨人軍監督の長嶋茂雄氏は肉離れのことを「ミート・グッドバイ」と呼んだという。ほんとかなあ、いくらなんでもそこまで……とは思うんだけど、ひょっとしたら本当かもしれない。たとえ本当でないとしても、まあいいじゃないですか。僕らはみんな、何か生きるよすがになるような、明るい前向きの神話を必要としているのだから。

長嶋茂雄氏にはほかにもいくつか名言がある。僕はいかなる意味合いにおいても巨人軍のファンではないので、とくに長嶋さんに思い入れはないのだが、それでもこの人のキャラクターには何か突出したものがあるという主張に対して、なんら異議を唱えるも

のではない。

たとえばこの人は監督時代にインタビューで、「私は選手を信頼していますが、信用はしていません」と言った。そのときは「またよくわけのわからないことを言ってるな」と思ったくらいだったが、時を経て自分がそれなりの立場に立ってみると、そのニュアンスが実感として理解できるようになった。まわりの人を基本的に信頼しなければ、物事は前に進んでいかないが、かといって信用しすぎては、お互いのためにならない場合がある。実にそのとおりだ。「信頼すれども信用せず」、名言ですね。

ジョン・アーヴィングの小説『未亡人の一年』には、テッド・コールという児童文学作家が登場する。彼は本業はそっちのけでスカッシュに打ち込み、ロング・アイランドの自宅の納屋をスカッシュ・コートに改造している。ただし天井が普通のコートより低く、自作だから壁にもいろいろと微妙な癖がある。そういう「マイ・コート」の有利さを活用した彼の技能には、ほとんど誰も歯が立たない。娘のルース（この小説の主人公）は小さい頃から、なんとか父親をうち破ろうと練習に励むのだが……。

日本の住宅事情からすると、スカッシュ・コートを自宅に造るのはまず不可能だ。うちにもありません。言うまでもなく。でもふと思うんだけど、自前のスカッシュ・コートを持つというのも、楽しいことばかりではないのかもしれない。真夜中に目覚めてそのまま眠ることができず、そんなとき無人の真っ暗なスカッシュ・コートがすぐそこにひっそりたたずんでいるのだと思うと、その孤独さに胸がひしひしと締めつけられるのではあるまいか。そのまま朝まで眠れなくなってしまうような気もする。この『未亡人の一年』という物語も、そういう寂寥《せきりょう》感がひとつの中心テーマになっている。

人を信頼しながら信用しきれない人生というのも、ときとして孤独なものだ。そういう微妙なすきま、乖離《かいり》のようなものが痛みをもたらし、僕らを眠らせない夜もあるだろう。でも「大丈夫、こんなのただのミート・グッドバイじゃないか」とか思えば、ひょっとして明るく耐えていけるかもしれないですね。

今週の村上　救急車に乗ったことありますか？　僕は四回あります。アメリカで乗ったときはけっこうな料金をとられた。

オリンピックはつまらない？

世間的問題について自分の意見を強く主張することは、僕の場合あまりないんだけど、それでももちろんいくつかの個人的意見は持ち合わせています。生意気なようですが。たとえばオリンピックの開催地を、発祥の地アテネに固定してしまえという主張。毎度毎度、開催地を決めるのにあんな大騒ぎして、広告代理店に何億円ももうけさせるなんて、どう考えたって愚かしい。わいわい、いろのスキャンダルさえたびたび起きている。開催国の威信をかけた開会式の華美なセレモニーも、愚劣でうっとうしい。あんなものいらない。

だから全国高校野球大会を甲子園で開催するのと同じく、オリンピックは発祥地アテネでやるものと決めちまう。そうすれば無駄な土木工事もしなくて済む。世界的に空気も汚れない。開会式、閉会式も高校野球並みに簡素なものに定めてしまう。それでいいじゃないですか。

＊

2000年に四週間ほどシドニーに滞在し、オリンピック・ゲームを取材した。実を言うと、僕はもともとオリンピックがあまり好きではなかった。マラソンを別にすれば、おおむね退屈な催しだと思ってたし、真面目に観戦したこともなかった。でもオリンピックについての記事を書かないかという依頼が出版社からあり、オーストラリアに行ってみるのも悪くないかなと思って引き受けた。

で、結果から言いますと、オリンピックは現地に行って真剣に見物すると、思ったよりずっと興味深いものでした。へえ、オリンピックってこんなに面白かったのかと、目からごそっとうろこが落ちるような気分だった。

しかし日本に帰ってきて、テレビで録画したものを見返すと、これが見事なまでにつまらない。どうしてかというと、日本選手の出るゲームしか中継しないから。そしてメディアの視点は「日本がメダルをとるかとらないか」という一点に集約され、カメラの視点もそれに寄り添ったものになっている。

僕は現地で日本選手・チームの出る試合ももちろん見たけれど、それよりは日本と関係のないゲームを飛び込みで見る方が多かった。たとえばドイツとパキスタンのホッケー試合、とか。そういうのって、ただそこにいて見ているだけで面白いんですよね。利害が絡んでないぶんゲームの流れを純粋に楽しみ、プレイにわくわくすることができる。世界には様々な人がいて、強いなりに弱いなりに懸命に汗を流してがんばってるんだと実感する。メダルを何個とったかなんて、国家や国民のクォリティーとは何の関係もない。つくづくそう思う。

実際のオリンピックにはそういうナマの血が通った温かい雰囲気がある。不思議な「場の力」みたいなものが。ところがテレビの画面からは、それはほとんど伝わってこない。どこかにすぽっと消えてしまっている。日の丸が揚がった揚がらなかった、だけで話がどんどん進み、アナウンサーが大声をあげ、強い世論みたいなものまで作られていく。これは選手たちにとっても僕ら自身にとっても不幸なことではないか。

オリンピックとは関係ないけど、シドニーの料理とワインのレベルは思いのほか高かったです。いつかまたゆっくり行きたいな。

今週の村上　インドはオリンピックでは、毎回平均して一個しかメダルをとらない。でも誰もそれでとくに困ってないみたいだ。困ってるのかな？

右か左か

左右で形の違うソックスがあることを知ってますか？　僕は最近まで知らなかった。でもぴたりとしてなかなか履き心地がいいので、今は日常的に愛用している。ただひとつ困るのは、夜中に目が覚め、暗い中で履こうとするときだ。明るいときは問題ないんだけどね。

何かの本に、靴の形が左右違うものとして定着したのは、比較的近年のことだと書いてあった。近年といっても二十年とか三十年前じゃなくて、何世紀も前のことです。それまでは庶民はだいたい右も左もなく、同じ形の靴を履いていたらしい。今の感覚からすればなんか不思議だけど、でも旅館のスリッパと同じだと思えば、まあそんなもんかなという気もする。

ローマの初代皇帝であるアウグストゥスは右の足を左の靴に入れようとして、部下の兵士たちに危うく殺されそうになった。左右の靴を間違えて履くと災厄を招くという迷信が、ヨーロッパには古来あったらしい。しかしそんなことでいちいち殺されていたら、

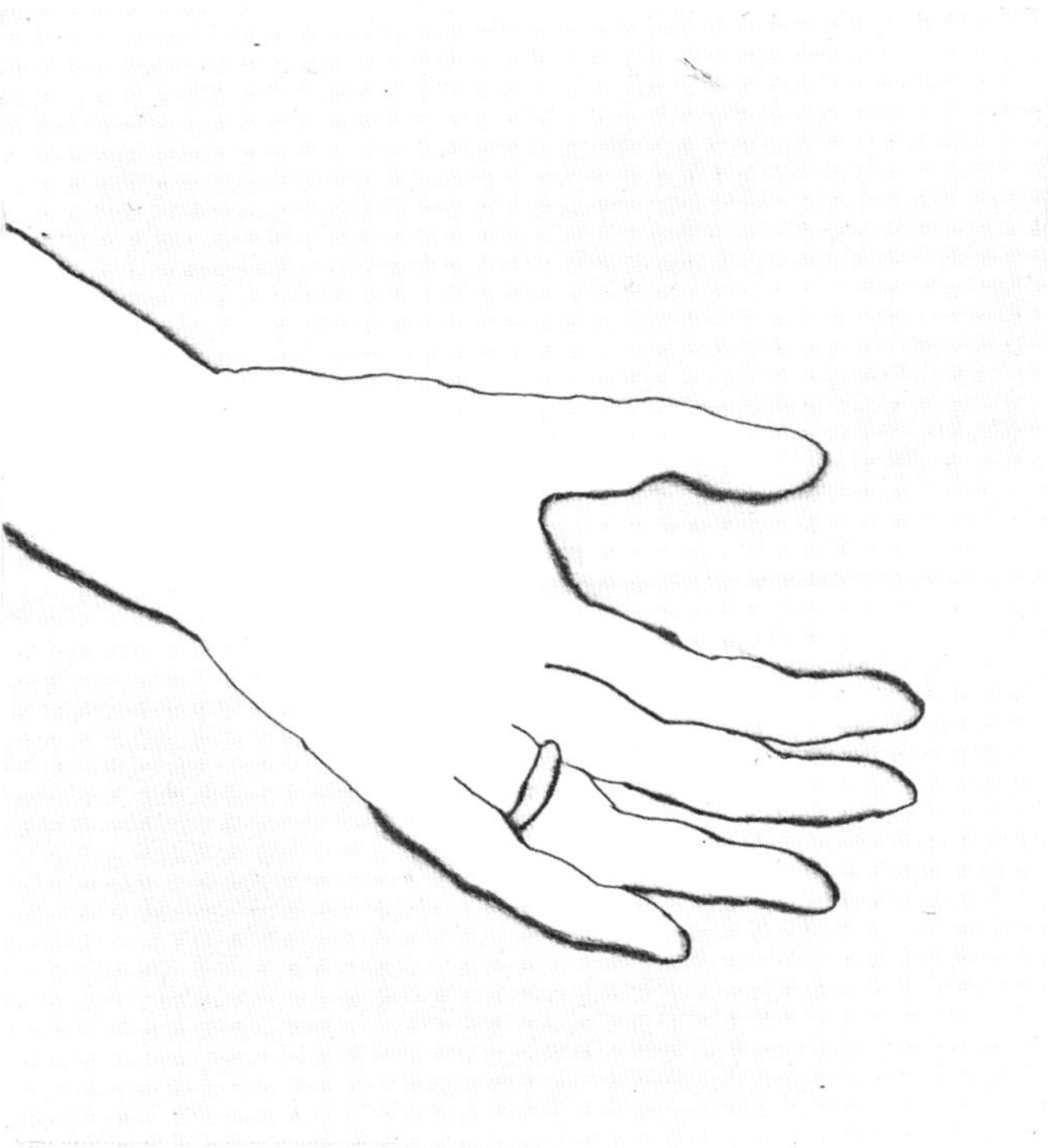

僕なんかいくつ命があっても足りない。

右と左というのは不思議なもので、僕は靴下を履くときはいつも左側から履くけど、靴を履くときは右側から履く。ズボンは右側から足を通す。どうしてかはわからないけど、昔からそう決まっている。逆にやろうとするとかなり違和感を覚える。

女性とひとつのベッドで眠るときには、右側でも左側でも、とくにどちらでもかまわない。世の中には「こっち側じゃないと、落ち着いてうまく眠れない」という人も多いようだが、僕の場合そんなことはない。相手の女性は選ぶけど（当たり前だ）、サイドは選ばない。


僕は右利きなので、左利きの人が日常生活で感じている不便さは、実感としてよくわからない。でもたまに右手に怪我《けが》をしたり、あるいは何か荷物を持っていたりして、左手で用を済ませようとして、ずいぶんやりにくかったという経験はある。たとえば駅の改札にカードを通したりするのは意外に大変ですよね。身体をぐっとひねらなくてはならない。この世界は右利き人間用に作られているので、左利きの人は「ちぇ、ったくもう」と思うことが多いだろう。

これも本で読んだことで、自分の目で見たわけじゃないんだけど、第二次大戦開戦時に日本の指導者だった東条英機は、戦争が終わったときにピストル自殺をはかった。隣人の医師に心臓の正確な位置を教わり、周到に墨でしるしをつけ、覚悟を決めて「えいやっ」とピストルの引き金を引いた。ところがこの人は左利きだった。だからおそらくは左手に拳銃を持ち、それで自分の左胸の心臓を撃ったのだろう。これは実際にやってみるとわかるけど、そう簡単なことではない。角度が不自然になって、指に思うように力が入らない。

とにかく東条さんは自殺をしくじり、占領軍に逮捕され、アメリカ兵の血液を輸血されて一命をとりとめ、そのあと裁判にかけられて絞首刑に処せられた。という話だ。もし本当にそうだとしたら、これは「ちぇ、ったくもう」どころではない。左利きの人が生きていくのって（そればかりか死ぬのだって）、ずいぶん大変みたいだ。がんばって下さい。

今週の村上　アメリカの書店で立ち読みしてたら、隣に「ＬＯＳＴ」のサイードがいた。だから？　と言われても。

究極のジョギング・コース

究極のジョギング・コースがアメリカ、オレゴン州ユージーンという町の郊外にある。運動具メーカー、ナイキがそこに本社をかまえていて、広大な敷地内にその特別なコースは作られている。ナイキの社員以外の人間はそこを走ることができない。

コースは一周の長さが3キロほどで、鳥の声を聴きながら美しい森を抜け、なだらかな丘陵を上下し、路面には柔らかいおがくずがみっちり敷き詰めてある。だからどれだけ走っても足が痛むことはない。そういう話だった。

ほんとかなあ、と僕は半分くらい眉に唾《つば》をつけながら話を聞いていた。そんな夢のようなコースが、この矛盾と悲哀と暴力と異常気象に溢《あふ》れた世界に、現実に存在するのだろうか？　もし本当にあるなら、一度でいいから自分の足で走ってみたい。そう思っていた。

数年前に某航空会社の機内誌のために、オレゴンの取材をする機会があり、ためしに「ユージーンのナイキ本社にあると言われる、かくかくしかじかの伝説のジョギング・

コースを、できたら走ってみたいんだけど」と持ちかけてみた。編集者がナイキ広報に問い合わせたら、「いいですよ。どうぞいくらでも走って下さい」という返事が返ってきた。わお！　そのためだけにでもオレゴンに行く価値はある。

期待に胸を膨らませながらユージーンのナイキ本社に行ったんだけど、はっと気がついたら、僕が持参したのはなんということか、ニューバランスのウェアとシューズだった。そんなかっこうでナイキ本社のコースを走るのはいくらなんでもまずい。おまけに走っている僕の写真も撮ることになっている。

僕はだいたいが忘れっぽく気の利かない性格だけど、これはいくらなんでもひどい。どじだ。困ったなあ、どうしようと思っていたら、広報担当の女性が「まったく、もう」という顔をして（でも表面はにこやかに）、「いいですよ。うちのウェアとシューズを提供しますから、それを履いて走って下さい」と言ってくれた。

というわけで、特製コースを心ゆくまで走らせてもらった上に、素敵なウェアとシューズまでいただいてしまった。ありがとう、ナイキ。感謝してます。

実際に走ってみるとこれは噂に違わず、文句のつけようもない見事なジョギング小径《パス》だった。こんなコースが近くにあって、毎日自由に使えたら、人生はどれほど心安らかなものになるだろう。距離も勾配《こうばい》もカーブも理想的だし、麗《うるわ》しい自然に囲まれ、空気も新鮮だ。途中に整備された400メートル・トラックがあり、そこでタイム練習をすることもできる。

そのユージーンのコースを別にすれば、僕が最も好きなジョギング・コースは、京都の鴨川沿いの道だ。京都に行くたびに、朝の早い時間そこを走っている。定宿のある御池のあたりから、上賀茂まで走って帰ってくる。それでだいたい10キロ。そのあいだにくぐり抜けるたくさんの橋の名前もすべて覚えてしまった。

どこかの女子校の朝練の女の子たちが、すれ違うときに大声で僕に「おはよざいまーす」と声をかける。そういうときには、人生も世界もまあそんなに悪くないかなと思う。

今週の村上　昔「殿さまキングス」というコミック・バンドがありました。誰が考えたのか知らないけど、すごく良いネーミングだ。

夢を見る必要がない

十年くらい前、心理療法家の——当時は文化庁長官でもあった——河合隼雄《かわいはやお》さんと食事をしていて夢の話になり、「僕は夢ってほとんど見ないんですよ」と言うと、河合さんは例によってにこにこしながら「はあはあ、まあそうでしょう。村上さんは夢を見る必要がないんですわ」と言われた。

なぜ僕には夢を見る必要がないのか、そのわけを知りたかったんだけど、話の流れでなんとなくそのままになってしまった。今度お目にかかったときに、そのことを聞かなくちゃなと思っているうちに、河合さんは病を得て亡くなられてしまった。人と人との出会いには「また今度」はないんだと思いつつ、僕らは生きて行かなくてはならないのかもしれない。

河合さんは僕がこれまでに会った中では、「本当に奥が深い」と感じさせられる数少ない人の一人だった。もっと長生きしてもらいたかったなあと切実に思う。

＊

鮮明な夢をしょっちゅう見る人がいる。長い夢なのに始めから終わりまでそっくり覚えていて、筋を話してくれたりする。僕にはまずそういうことはない。目覚めたとき「なんか夢を見たみたいだな」と思うことがあっても、それらしき感触がぼんやりとあるだけで、内容はろくすっぽ思い出せない。

火野葦平《ひのあしへい》の短篇小説だったと思うけど、家族が朝食の席で、それぞれに昨夜見た夢の内容を披露し合う場面があった。昔読んだものなので、どんな話だったかよく思い出せないのだけど、でもそのときに「家族全員がそんなに詳しく夢を思い出せるなんてすごいな」と感心した記憶がある。あるいはそういう能力は、夢について日常的に語り合うという訓練によって伸ばされるのかもしれない。血筋もある程度関係しているのかもしれない。

僕がごくたまに見る、隅々まで鮮明に情景を思い出せる夢は、なぜか料理に関連したものであることが多い。そして例外なくひどくグロテスクな食べ物なのだ。実例をあげると、

1. 毛虫のフライ。むくむくとした新鮮な毛虫がころもにくるまれて、からっと揚げてある。中身が毛虫じゃなければおいしそうなんだけど。

2. 白蛇のパイ包み焼き。白蛇の肉を蒸したものが、かりっとしたパイ皮に包んで焼き上げられている。これも料理自体としては手の込んだものみたいだ。

3. パンダ丼。ミニサイズのパンダがご飯の上に並べられていて、そこにたれがかかっている。これはただ単に気味が悪いだけ。

その三つの料理は、姿かたちや色合いを、今でもありありとリアルに思い出すことができる。ほんのり湯気の立っている様子まで目に浮かぶ。夢の中で僕はそういう料理を目の前に出され、どうしてもそれを食べなくてはならないという、切実な状況に置かれている。実際に食べることになるのかどうかまではわからない。でも「いやだなあ」と思いながら、その皿なり丼なりに手を伸ばしかけている自分がある。

なんでこんなおぞましい料理の夢を何度も繰り返し見なくてはならないのだろう。河合先生に連絡がつけられたら、そのわけを教えてもらえそうなんだけど……。

今週の村上　アルマジロの兜煮《かぶとに》、なんてのも気味悪そうですね。夢に見たくないな。考えないようにしよう。

手紙が書けない

「この手紙の返事、書かなくちゃいけないんだけどな」と思いつつ、ずるずるあとまわしにして、その結果、義理を欠いたり人情を欠いたり、具合の悪いことになってしまった。あなたにはそういう経験ってありませんか？　僕にはわりにしょっちゅうあります。もちろん文章を書くことを職業にしている人間だから、手紙を書くのが決して不得意なわけではない。いったん心を決めれば、とくに苦労もなくささっと書いてしまえる。なのに「さあ手紙を書こう」という気になかなかなれない。「まあ、明日でいいや」と思っているうちに、三日がたち、一週間がたち、一カ月がたってしまう。そうなるともう、手紙の返事なんてほぼ永遠に書けない。

この文章を読んでいる方の中にも、僕に手紙を書いたのに、返事がこなかったという経験を持つ人がおられるかもしれない。あるいは物を送ったのに礼状もこなかったと。「村上は失礼で傲慢《ごうまん》なやつだ」と思われているかもしれない。どうもすみません。この場を借りておわびします。悪気はないんだけど、なぜか手紙の返事を書くことができな

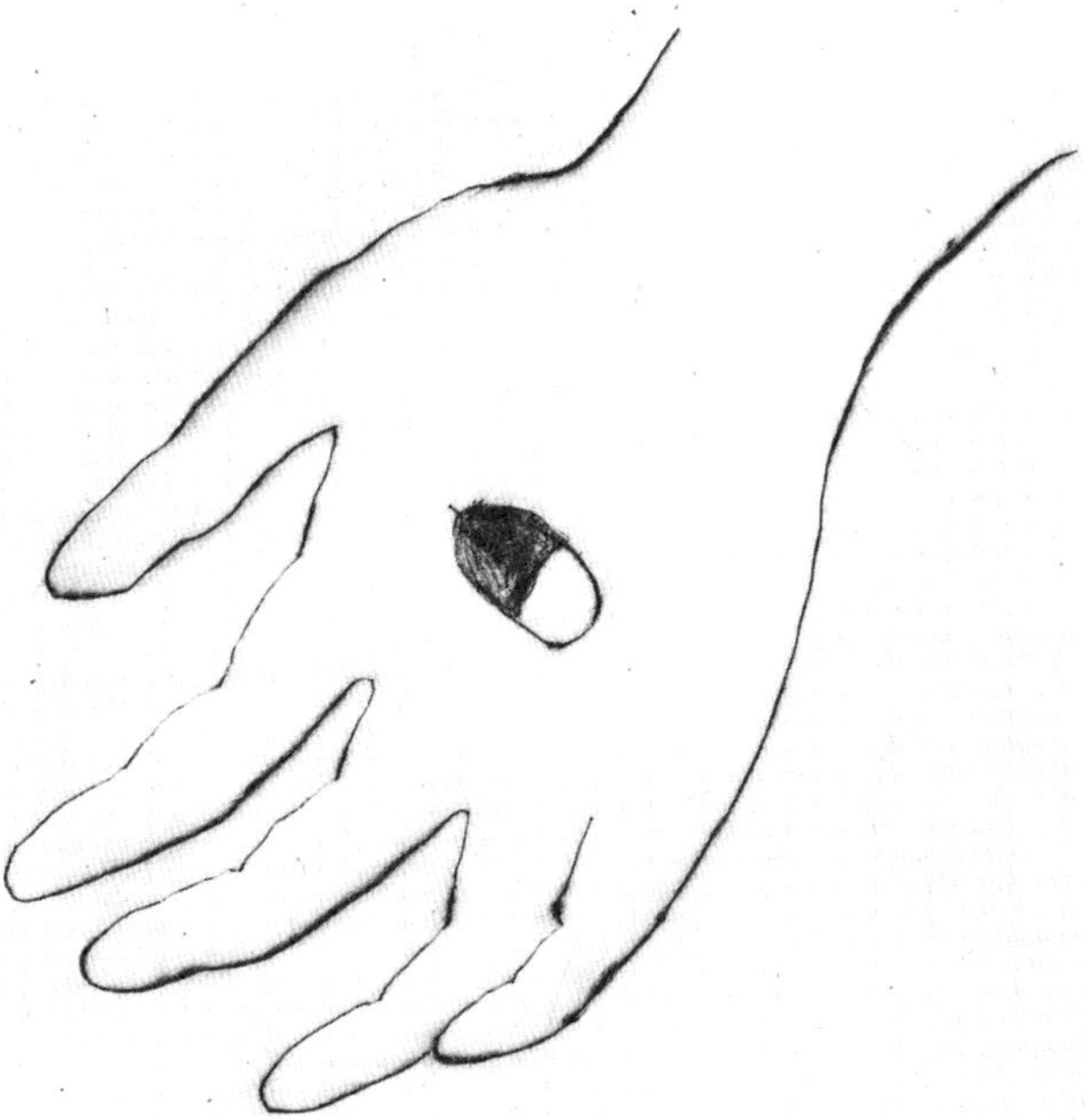

いんです。裏山の猿と同じようなものだと思って、勘弁してやってください。今度ドングリを集めて持ってきますね。

手紙だけじゃなく、日記だって書けない。「どこに行った」「誰に会った」「何を食べた」くらいの短いメモなら手帳に書き付けることはあるけど、正式な日記は、少なくとも自発的には、生まれてこの方つけたことがない。

どこの神様に聞いてもらってもわかることだが、僕は仕事に関しては勤勉でこまめな人間で、締め切りに遅れることはまずない。前倒しで手早く仕上げてしまう。ところが手紙となると途端に逃げ腰になる。なぜだろう？　原稿料がもらえないから？　いや、そんなことはない。依頼を受けてなくても、興味のある題目が頭に浮かべば、それをさらさらと文章にし、机の抽出《ひきだし》に放り込んでそのまま忘れてしまったりもする。なのにあ、手紙が書けない。

作家の中にはおびただしい数の手紙を書いたり、詳細な日記をつけたりする人がいて、それが死後公開される。それも実に整った、流麗な文章で書かれていたりする。そういうのを目にすると「すごいなあ」とただ素直に感服してしまう。僕にはどう転んでもできないことだ。

　そのような作家たちは、依頼された原稿を書くのが苦痛で、まるで蟹が横歩きするみたいに、ずるずると個人的な手紙や日記の記述に逃げていたのだという説を唱える人もいる。そういうこともあるかもしれない。僕の場合はそれとはまったく逆で、むしろ手紙の返事を書くことから逃れるために、ずるずると仕事の原稿を書いていたりする節がある。そのぶん仕事は捗《はかど》るんだけど、手紙の返事は後回しになっていく。

　今も返事を書かなくちゃいけない手紙が机に五通ばかり積んである。コンピュータには返事を期待されているメールが、やはり五つくらい溜まっている。でもそれらから目を背《そむ》け、まるでアリバイを確保するかのように、このとくに急ぎもしないエッセイ原稿を書いています。困ったもんだ。どうしたものか。

　まあいいや、明日考えよう。

今週の村上　「婚約破棄」と聞くといつも捨てられたコンニャクを思い浮かべるんだけど、下らないですね。

オフィス・アワー

ボストン郊外にあるタフツ大学に属して、日本文学のクラスを持っていたことがある。アメリカの大学にはだいたい週に一度「オフィス・アワー」というのがあり、この時間には学生が教師のもとを訪れ、カジュアルに歓談することができる。いろんな国籍のいろんな学生が、オフィス・アワーに僕のオフィスにやってきて、コーヒーを飲んだり、ドーナッツをかじったりしながら、あれこれ話をした。

ある日「書いた短篇小説を読んでほしい」という女子学生がやってきて、「いいよ」と読んでみた。普通ならまずそんな面倒なことはしないのだが、なにしろオフィス・アワーなので、こちらもたいていのことは快く引き受けなくてはならない。もちろん英語で書かれているが、長いものではないし、ジェームズ・ジョイスみたいな凝った文体でもないので、簡単に読める。彼女はそれをクリエイティブ・ライティング（創作科）のクラスの課題として書いた。

作品は全体としてあまり上出来とは言えなかったけど、優れた部分はいくつか見いだ

せた。説明的に流れる部分は冗長だが、そうではないところはけっこう生き生きしている。そういう作品は批評しやすい。「ここはうまく書けているけど、ここは良くない。だからここをこう書き直せばいいんだよ」と言える。これが全体的に平均して「まあまあ」だと困ってしまう。アドバイスのしようがないからだ。

僕がそういう批評をすると、彼女は戸惑った顔をした。「でも、村上さん、私のクラスの先生にはそれとまったく逆のことを言われたんです」

つまりその女性教師は、彼女の作品に関して、僕がほめた部分を批判し、僕が批判した部分をほめたのだ。そう言われると困ってしまう。こちらとしては彼女の指導教師の批判をするわけにもいかない。だから適当に話を収めて、その場をやり過ごした。あとのことは知らない。

僕がここで言いたいのは、創作というのはまあその程度のものなのだ、ということです。これはかなり極端な例だけど、何が良くて何が良くないかというのは、場合によって相手によってがらりと違ってくる。確固とした価値基準なんてものはまず存在しない。つまりついた先生次第で、小説の書き方がまったく違ってしまったりもするということだ。怖いですね。

でも実際にはそんなに怖くないのかもしれない。というのは人は結局のところ、自分の身の丈に合ったものしか、身にまとうことができないから。合わないものを押しつけられても、そのうちに自然に剥《は》がれ落ちてしまう。だから合わないものを押しつけられるのも、ひとつの立派な教育であると言えるかもしれない。そのために高い授業料を払わせられるのは、たまったものじゃないとは思うけど。

ときどきまたオフィス・アワーをやるのも悪くないかなと思うことがある。晩秋の午後、狭い大学のオフィスに座って、紙コップで薄いコーヒーを飲みながら、誰かが僕に何かを話しにやってくるのを待っている。たまにはそういうことがあってもいい。

でも勝手なようですが、自作の小説はなるべく持ってこないようにしてくださいね。

今週の村上　日本からダンキンドーナツが撤退して長い歳月がたちます。国家的悲劇だ。

無考えなこびと

よほど必要がない限り、自分の書いた本を読み返さない。手にも取らない。なぜかというと恥ずかしいから。変な顔に写った免許証の写真を見たくないのと同じだ（どうして免許証の写真ってこう変に写るのか？）。だから自分がどんなことを書いたのか、指の隙間から砂がこぼれ落ちるようにさらさら忘れていく。

それはまあかまわないんだけど、何を書いたか思い出せないために、時として同じことを二度書いてしまったりする。べつに古いネタを使い回しているわけじゃなく、物覚えが悪いだけ。だから「それ、前も読んだよ」ということがあっても、裏山の猿と同じだと思って（これも前に書いたな）笑って赦《ゆる》してやって下さい。

というわけで、この話もしたことがあるかもしれない。でもいつどこで書いたのか、ぜんぜん思い出せないので、とりあえず初めてのこととして書きます。

僕は甘いものが苦手で、菓子類はほとんど食べないし、チョコレートを自分で買うこ

となんてまずない。ところがどうしてか年に二回くらい「何があろうと、今すぐチョコレートを食べたい」という激しい欲望に襲われる。それはある日突然、何の予告もなく、雪崩《なだれ》のように暴力的に僕の上に襲いかかってくる。

どうしてそんなことが起こるのか、わけがわからない。あるいは僕の体の中にチョコレート好きの短気なこびとが潜んでいて、そいつはいつもどこか暗いところですやすや寝ているんだけど、何かの加減ではっと目覚め、「おい、チョコレートだ、チョコレートだ。チョコレートはどこにある？　ちくしょうめ。おれは何があっても今すぐ、チョコレートを腹一杯食べたいんだ。このやろう。早くチョコレートを持ってこい」と大声を上げ、暴れ回るのかもしれない。床を勢いよく踏みつけ、壁をどんどんと叩くのかもしれない。そんな感触が体内にある。

そうなると僕は、一も二もなく近所のコンビニに走らないわけにはいかない。そこでチョコレートを買い求め（それはいつもだいたいグリコのアーモンド・チョコレートだ。とくに理由はないんだけど）、こびとの怒りを鎮《しず》めなくてはならない。道を歩きながら封をもどかしい手でむしり取り、まるで嵐の夜の飢えた悪鬼のように、一箱をがつがつと食べてしまう。

そのような一連の儀式が終了すると、こびとは満足し、暴れるのをやめ、また布団にくるまってすやすや眠り込んでしまう。そういうチョコレート発作（みたいなもの）が年に二回ほどやってくる。この次いつその短気なこびとが目を覚ますのか、それは神様にしかわからない。

何年か前、それがなんと二月十二日に起こった。つまりバレンタイン・デーの前々日だ。ったくもう勘弁してくれよな、あと二日たてばチョコレートなんていくらでも食べられるのにさ、なんでまたよりによって、ぶつぶつ……と嘆いてみても何ともならない。いつものようにコンビニに走って、グリコのアーモンド・チョコレートを買い求め、ぽりぽりとむさぼり食べた。例によってこびとはそれで満足して眠り込んでしまい、二日後にはチョコレートなんてぜんぜん食べたくなくなっていた。

本当にこびとは無考えなんだから。

今週の村上　ホワイト・デーのお返しって一度もしたことないんだけど、たたりみたいなことがあるのかな？

やあ暗闇、僕の旧友

人は誰しも、いくつかのささやかな「自説」を持って生きている。あなたにもきっとあるはずだし、僕にももちろんある。僕の場合、その説の依《よ》って立つ範囲がマイナーというか、かなり限定されているので、世間の広い賛同を得るのはむずかしそうだけど。たとえばマーヴィン・ゲイとタミー・テレルの『ユア・プレシャス・ラブ』のサビの部分を聴いたことがある人とない人とでは、愛の感動についての認識鮮度がつまみひとつぶんくらい違っているはずだとずっと――おおよそ四十年くらい――確信しているのだけど、僕がこう言って、「そのとおりだ。よくぞ言ってくれた」と喜んでくれる人はまずいないだろう。

これも古い話になるけど、地下鉄銀座線の車両はその昔、駅に停車する直前に必ずばたっと照明が消えた。そして乗客は一秒くらい漆黒の闇の中に置かれた。いつの間にか設備が改良され（たのだろう）、そんなこともなくなったが、僕はあれがなぜか好きだった。真っ暗になるたびに、「そうだ、人が目的地に着く直前には常に深い闇が訪れる

んだ」と一人で勝手に肯《うなず》き省察し、『サウンド・オブ・サイレンス』の出だしの一節、Hello darkness, my old friend を口ずさんでいた。

そういう意味で、最近の銀座線は乗っていてあまり楽しくない。もちろん人々は何も僕を楽しませ、省察させるために電車を走らせているのではないから、まあそれはしょうがない。でも旧式の銀座線車両に乗ったことがある人とない人とでは、人生の暗転に対する覚悟の度合いがつまみひとつ半くらい違っていると思う。それも僕の個人的自説のひとつだ。

ギリシャのミコノス島で冬を越していたとき、停電は日常茶飯事だった。隣の島で発電した電力が海底ケーブルで送られてくるので、途中でよく事故があり、すとんと電気が消えた。レストランで夕食をとっていると、前触れもなく漆黒の暗闇が降りかかる。何ひとつ見えない。遠い波の音しか聞こえない。やがてウェイターが慣れた手つきでロウソクを持ってきて、その仄《ほの》かな明かりで僕らは静かに食事を続けた。あれはあれでそこそこ雰囲気のあるものだった。

ミコノス島に限らず東京でも、女性と食事中に停電が起こることが何度かあった。僕がレストランで女性と差し向かいで食事をしているとなぜかよく明かりが消える。あるいはそういう星の下に（どういう星の下だ？）生まれたのかもしれない。そんな時、僕は何はともあれテーブル越しに手を伸ばして、相手の手に重ねたくなる。いや、下心があってとかそういうのではなく、停電中のレストランのテーブル越しに、そこにいる女性の手にそっと手を重ねることは、世界でもっとも筋のとおった、自然で礼儀正しい行為のひとつであるように僕には思えてならない。たとえば女性のためにドアを開けて、押さえておくのと同じような。でも僕のそんな自説が相手に正当に理解されるものだろうか？　とかなんとか思い迷っているうちにぱっと明かりがつき、すべては退屈な平常に復してしまう。

　でも何度考えても、最近の銀座線はやはりつまらないですよね。

今週の村上　暗闇の中ですき焼きを食べるのってけっこうむずかしそうですね。とくにしらたきなんか。

三十歳を過ぎたやつら

僕が大学生の頃、「三十歳を過ぎたやつらを信用するな」という言葉がよく口にされた。Don't trust over thirty、大人なんか信用できないぞ、という意味だ。でもどうしてそんな我が身を呪《のろ》うようなことをマジに口にできたのだろう？　自分たちだってそのうちに間違いなく三十になるのにね。もっとも僕は三十になったときには冗談で、「四十を過ぎた人間を信用するな」と言ってたけど。それで四十になったら……きりがないからやめよう。

僕らが二十歳だった頃にはきっと、自分たちが三十を過ぎたら、今の大人とは全然違う種類の大人になるんだと堅く信じていたのだと思う。そして世の中は確実に良くなっていくと思っていた。だってこれほど意識の高い、理想に燃える我々が大人になるんだから、世界が悪くなるわけはないだろう。悪いのは今そこにいる大人なのだ。やがて戦争は消え、貧富の差も縮まり、人種差別もなくなるだろう。真剣にそう考えていた。ジョン・レノンも（おそらく）真剣にそう考えていた。チェ・ゲバラも（おそらく）真剣

にそう考えていた。

しかしもちろん、実際にはユートピアはもたらされなかった。戦争も貧困も人種差別もなくならなかったし、僕らはやがて三十歳を越え、そのおおかたは昔ながらの退屈でぱっとしない大人になった。「馬鹿みたい」とあなたは思うかもしれない。今になってみれば僕もそう思う。馬鹿みたいだ。でも自分がその時代、その場所にいるときには、ぜんぜん馬鹿みたいじゃなかった。それはずいぶんわくわくするものだった。ビートルズは『愛こそはすべて』と歌いあげ、トランペットは朗々と吹き鳴らされていた。

残念ながら、というべきだろう、そんな楽観の時代はそのときで終わってしまった。今「これから世界はだんだん良くなっていく」と信じている若い人を見つけ出すのは、ごく控えめに表現して、相当困難な作業に違いない。

僕的にいうと、三十歳を過ぎて変わったといえば、小説家になり、生活を一新したことだった。煙草をやめ、早寝早起きをし、毎日走るようになった。それまではヘビースモーカーで、夜更かし型だったから、かなり電撃的な転換だった。以来そのまま現在に至っている。

そして心の隅で「自分を信用できないぞ」とも思っている。つまりかつて提出したテーゼ「三十歳を過ぎたやつらを信用するな」を、ある意味守り続けているわけですね。で、自分のどこを信用できないかというと、あの「これから世界は確実に良くなっていくんだ」と鮮やかに感じていた自分はいったいどこに行っちまったんだよ、ということです。今では何ごともなかったような顔をして、マイペースで健康的に個人的に、淡々と日常生活を送っている。自分自身のことなんだけど、なんかもうひとつ信用しきれないところがある。

こんなことをわざわざ書く気になったのは、先日ジョン・レノンとチェ・ゲバラに関する映画を続けて見たからです。それで「ああ、そうだ。こういう時代が実際にあったんだな」と思い出して、それなりに深く考え込んでしまった。「それでも愛がすべてだ」とか、きっぱり言っちゃえるといいんだけどね。

今週の村上　鮨職人がベルトコンベアに載ってやってくる回転鮨ってないですね。目がまわるからかな？

オキーフのパイナップル

パイナップルを見ると、アメリカ人の画家ジョージア・オキーフを思い出す。それは、彼女がその果物の絵を描いたからではなく、逆に一枚も描かなかったからだ。

オキーフは1938年に三カ月ばかりハワイに滞在した。彼女を招待したのはパイナップルの缶詰で有名なドール社で、費用は全部持つから、好きなだけハワイに住んで、広告に使うためのパイナップルの絵を一枚だけ描いてもらいたいという、実に太っ腹な申し出だった。

オキーフさんは離婚の痛手を癒《いや》す目的もあってこの申し出を受け、客船に乗ってハワイにやってきて、あちこちの島を巡って絵を描きまくった。目にするものすべてが新鮮で、彼女の創作意欲はかきたてられた。主に植物が彼女の関心を惹《ひ》いた。ベラドンナ、ハイビスカス、プルメリア、ジンジャー、蓮《はす》……多くの美しい絵がその滞在中に生まれた。なのに彼女はパイナップルの絵だけは描かなかった。

どうして？　と思うでしょう。僕だってそう思う。パイナップルくらい、ひとつさら

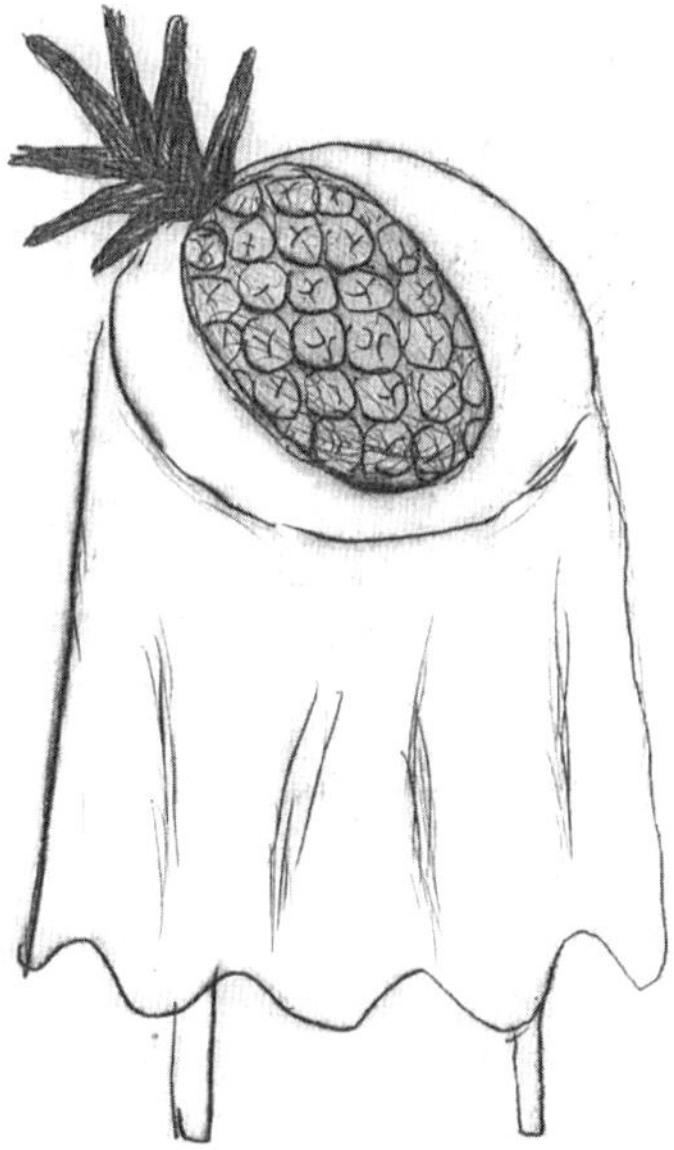

さらと描いちゃえばいいじゃないですか。技術的なことはよくわからないけど、描くのがとくにむずかしいオブジェではないはずだ。何も「大イカと大タコが夜中の四畳半でとっくみあいしている光景をお願いします」とか頼んでるわけじゃないんだから。

でも彼女は結局パイナップルの絵を一枚も描かないまま、さっさと本土に帰ってしまった。芸術家というのはセンシティブというか、気まぐれというか、扱いがむずかしいですね。ただの無責任、という言い方もできそうだけど。

しかしドール社としてはこれでは立つ瀬がない。彼女のニューヨークのアパートメントに、パイナップルの木をどんどんと送りつけた。さあ、これを描いてもらいましょうと。ここまでやられるとしょうがないから、オキーフさんもしぶしぶパイナップルの絵を描いてハワイに送った。でもそれはドール社が期待していた果物の絵ではなく、パイナップルの花の可憐な蕾《つぼみ》を描いた絵だった。それと一緒にジンジャーの花を描いた絵も送られてきた。どちらも美しい絵ではあるけれど、缶詰の広告向きではない。

どうしてかはわからないが、よほどパイナップルの絵を描くのがいやだったんですね。もっともこの二枚の絵は、今ではたぶんすごい価格がついているから、ドール社も彼女の招待にかけた経費くらい楽に回収しているはずだ。ものごとの損得は長い目で見ないとわからない。

というような話を読むと、僕だって一度くらいこんな大胆なことをやってみたいなと思う。でも生まれつきの性格というか、できないです。僕だったら、ハワイに着いたらとりあえずパイナップルの絵を一枚描いちゃって、義務を果たして、そのあとで好きなことをすると思う。

でもオキーフさんはそうじゃなく、「ふん、私は描きたいものを、描きたいように描くのよ。パイナップルなんて何さ」状態で思うがまま生きておられる。うらやましくもあり、大変そうだなと人ごとながら心配になったりもする。

人の性格というのはまあ、理屈でどうこうなるものでもないんだろうと、おやつのパイナップルを食べながらつらつら考えております。

今週の村上　「かっぱらいに注意」という看板。誰かがマジックで「らい」を塗りつぶしていた。暇な人がいる。

まるで豹のように

日本のプロ野球が、いつからそれほど面白くなくなったかというのはずいぶんむずかしい問題で、僕もまだその正確なポイントを見いだせずにいる。

日本シリーズが昼間におこなわれなくなった時からかもしれないし、ドーム球場が増え、ジェット風船と派手なチアガールが登場し始めた頃からかもしれないし、投手が完投する試合が極端に減った時からかもしれないし、あのみっともない江川問題からかもしれないし、名古屋某チームの監督と選手が、気の毒な審判をぼこぼこに殴って骨折入院までさせながら、軽いペナルティーしか受けなかった時からかもしれない。いずれにせよそんなことがちょっとずつ重なって、野球というゲームに対して以前ほど素直な愛着が持てなくなっていったように思う。

そしてとどめをさしたのが最近の「クライマックス・シリーズ」である。僕に言わせてもらえれば、あんなのは営業のためにでっちあげられた、猿芝居みたいなものだ。リーグ優勝してもいないチームが日本シリーズに出場するなんて、どんな理屈をつけたと

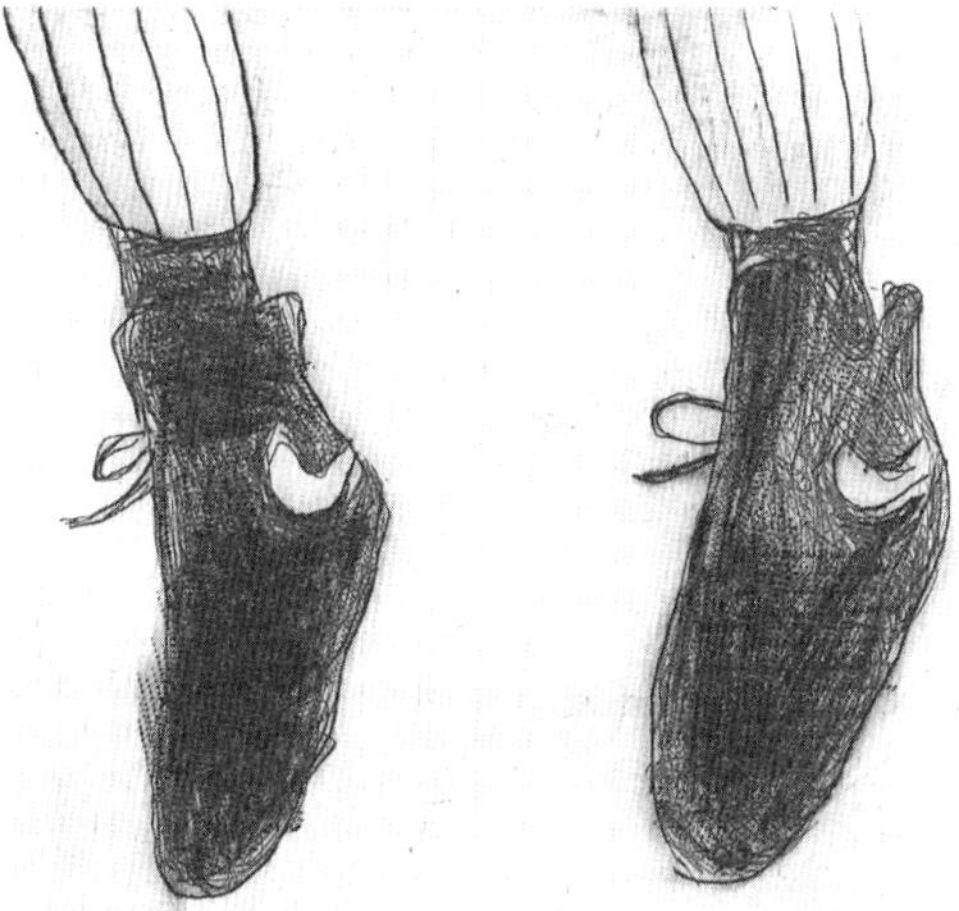

ころで、ぜんぜん納得できないじゃないですか。大リーグのプレーオフとは話がまったく違う。

と限りなくぶつぶつ文句を言いながら、それでも毎晩のようにテレビで野球を見て、スポーツ・ニュースをチェックして、暇があれば神宮球場に足を運び、枝豆をつまみに生ビールを飲み続けている。どうしてか、とあなたは尋ねるかもしれない。そうきかれると、うーん、答えに窮《きゅう》するんだけど、結局のところ、気に入らないことだらけではあるけど、それでもまだ野球というゲームには素晴らしい部分がいっぱい残っているから、と言うしかないだろう。

二年ほど前のことだけど、ボストンのフェンウェイ球場でレッドソックス対ヤンキーズの試合を見た。三塁ベンチの後ろの席だったので、三塁手の守備がすぐ眼前に見えた。ヤンキーズのサードはもちろんアレックス・ロドリゲス。試合が始まってから終わるまで、ピッチャーもバッターもろくに見ないで、彼の守備ばかり観察していた。どうしてか？　その動きが見事なまでに美しかったから。一球ごとに微妙に守備位置を移動し、身体の重心のかけ方を変える。一試合一五〇球のピッチングがあれば、一五〇回しっかりとつま先立ちをして、まるで豹のように全身に力をみなぎらせる。そのリズムが素晴らしい。一球たりとも手を抜かない。

法外な高給をもらっているんだから、そんな基礎的なことをやるのは当たり前でしょう、と言う人も中にはいるかもしれない。それはそのとおりだ。でも高給をとりながら怠けて、細かいところで手抜きをする人も、世の中にはけっこういるんだよね。Aロッドさんはやっぱりさすがだなあと感心しつつ、満足しつつ、球場をあとにした。生ビールも飲んだし、ホットドッグも食べたし……、どっちが勝ったか？　松井は打ったか？　ぜんぜん覚えてません。でもその夜のゲームは僕の脳裏に、生き生きとしたイメージを今も残している。わざわざ球場まで足を運んだ価値はあったなと思う。

プロというのはそういうものですよね。僕も見習わなくては。

今週の村上　日本でいちばん美しい野球場は、やはり甲子園球場だと思います。最近は行ってないけど。

もうやめちまおうか

「メモワール」は一般的に「回顧録」「自叙伝」と訳されるが、どうも言葉が堅苦しく偉そうで、ピンとこない。砕いて言えば「これまでの人生で見聞きし、考えたことを本にまとめました」というあたりのものだ。海外の書店にはたいてい「伝記」コーナーがあって、そこにメモワールも含まれている。日本の書店にはそういう部門はまずないですね。どうしてかな。

京都の古本屋でジョージ・マーティンのメモワール『耳こそはすべて（All You Need Is Ears)』を見つけ、帰りの新幹線の中で読み耽《ふけ》り、おかげで携帯電話を座席に置き忘れてしまった。マーティンさんはビートルズのプロデューサーとして伝説的な存在で、タイトルはもちろんヒット曲『愛こそはすべて』のもじりだ。

この手の本はどれもおおむね同じというか、最もスリリングな部分は、ページを開く前からだいたい予測がつく。リヴァプールから来た四人の名もなきロックンローラーが僅《わず》かなきっかけをつかみ、世界的ヒーローにのし上がるまでの、息を呑むほどエキサイ

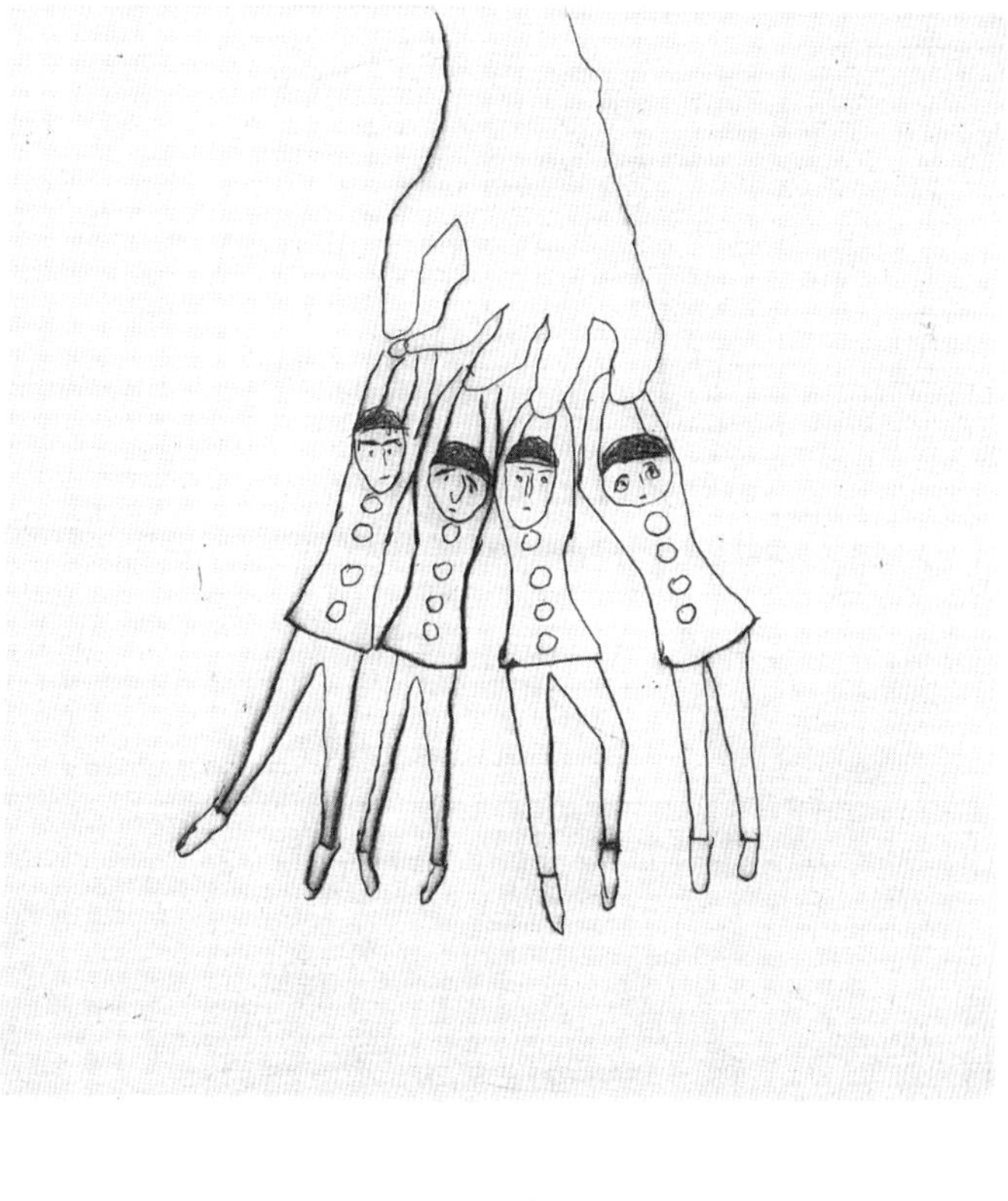

ティングな数年間（あるいは数カ月間）を描いたところだ。底辺にいるとき、頂点に立ってからは、いわばその前後の付け足しのようなものだ。

ビートルズ・ファンには周知の事実だろうが、（僕は知らなかったけど）無名時代の四人はデモ録音を持ってあちこちレコード会社を回った。しかし誰からも相手にされず、「もう音楽なんてやめちまおうか」という捨て鉢な気持ちになっていた。地元のクラブではやたら受けているんだけど、レコード会社の偉い人たちはその音楽をまったく受けつけない。保守的な彼らにとって、そんなものはただの騒音に過ぎない。

しかし大手ＥＭＩの傘下の、パーロフォンという弱小レーベルをまかされていたジョージ・マーティンはビートルズの音楽を聴き、「ずいぶん荒っぽいけど、ここには妙に心惹《ひ》かれるものがある」と思った。音楽よりはコメディーのレコードを作るのが彼の主な仕事だったのだが、周囲から嘲《あざけ》られながらも、自分の直感を信じ、腹をくって四人と契約を結んだ。もしマーティンさんが迷ってぐずぐずしていたら、あるいはジョンもポールもそのまま音楽に見切りをつけ、何かお堅い仕事についていたかもしれない。郵便局員とか。人生、先がわからない。

*

僕は三十歳のときにある文芸誌の新人賞をとって、いちおう作家としてデビューした。出版社に挨拶に行ったら、出版部長みたいな人に「君の作品はかなり問題があるが、まあ（＊適当に）がんばりなさい」とかなり素っ気なく言われた。そのときは「そうか、僕には問題があるのか」と素直に思って帰ってきた。（＊ニュアンス）

ビートルズと比べるのもおこがましいけれど、会社って「問題があるもの」が好きじゃないんだなとつくづく思う。不揃いなもの、前例のないもの、発想の違ったものを、それはほとんど自動的に排除していく。そんな流れの中で、個人として「腹をくれる」社員がどれくらいいるかで、会社の器量みたいなものが決まっていくような気がする。

僕が考えて何がどうなるというものではないんだけど、日本経済はこれからいったいどうなっていくんでしょうね。

今週の村上　新幹線に置き忘れたのはスターバックスのミニカップ・ストラップ付きの携帯でした。駅員に説明するのが恥ずかしかった。

悪魔と青く深い海のあいだで

「悪魔と青く深い海のあいだで」という表現が英語にある。切羽詰まってとか、絶体絶命の状態で、という意味だ。さしあたって二者択一をしなくてはならないんだけど、どっちを選んでも救いはない。

イギリスにテレンス・ラティガンという劇作家がいて、戯曲『青く深い海』を書いた。ガス自殺をはかって失敗した若い女性が、アパートの管理人に「なんでそんなことをしたの？」と訊《き》かれて、「前には悪魔、後ろには青く深い海、といった切羽詰まった状態に立たされると、青く深い海が魅惑的に見えることがあります。昨夜の私がそうだったのです」と答える。

僕は大学生のときこの戯曲を読んで、「そうか、悪魔と青く深い海のあいだにはさまれちゃうこともあるんだ」と素直に感じ入った。というか、迫り来る悪魔と断崖絶壁に自分がはさまれた情景を思い浮かべると、けっこうリアルだ。僕もどっちかをとれと言われたら、海に飛び込んでしまうかも。悪魔につかまって食べられたりしたくないです

よね。

どうしてこの女性が自殺に失敗するかというと、当時のイギリスの家具付きアパートや下宿屋では、投入したコインぶんガスが出るシステムが一般的だったからだ。この女性はコイン不足のまま栓をひねったので、途中でガスが切れてしまった。僕が一九八〇年代後半にロンドンのアパートに住んだときには、もうガスはコイン式ではなくなっていたけど。


子供の頃、家の近くに海水浴場があったので、夏になると毎日のようにそこに行って好きなだけ泳いでいた。今でも海で泳ぐのは好きで、年に一度はトライアスロン・レースにも出る。そんなに速くはないけど。

海で泳ぐ楽しさは、ちょっと沖に出ればもう誰もいないというところにある。プールだと混み合っていたり、競争を仕掛けてくる人が隣のレーンにいたりして面倒だが、海ではそんなことはない。自分のペースで、のんびりと好きなだけ泳げる。疲れたら仰向けになって、空を眺めていればいい。空には白い夏雲が浮かび、かもめがまっすぐ横切っていく。

でももちろん楽しいことばかりではない。海で泳いでいるときに何度かおそろしい目にあった。クラゲにひどく刺されたこともある。強い潮に流されて、沖まで運ばれかけたこともある。足がつったこともたびたびある。サメにはまだ出会ったことはないが、大きなエイには何度も会っている。

いちばん怖かったのは、ハワイの海で深い海穴のようなところを泳ぎ過ぎたときだった。そこだけ海底がどーんと深くなっている。水はどこまでも透明で、無音で、まるで高層ビルの谷間の上空を、身ひとつで漂っているような錯覚に襲われた。僕は高所恐怖症なので、目が眩《くら》み、背筋がぞっとして、身がすくんでしまった。

悪魔も、青く深い海も、ひょっとしたら外側にではなく、僕らの心の内側にセットされたものなのかもしれない。あのどこまでも深い海穴のことを思い出すたびに、そう思う。それはいつもどこかで潜在的に、僕らが通りかかるのを待ち受けているのだ。そう考えると、人生ってなんだかおっかないですね。

今週の村上　「婚約してからでは遅すぎる」と結婚式場の広告にあったけど、そんなこと言われてもねえ。

タクシーの屋根とか

僕は自分の本にまずサインをしない。新刊を知り合いに贈呈するときにも、署名なしで送る。そうすればもらった方も心理的負担が少なく、後日処分もしやすいだろうし。サイン会も開かない。僕がサイン会に乗り気ではないのは、ひとつには必ず業者の人たちがやって来るからだ。商売として署名本を集める専門の人たち。サイン会の翌日にはもう署名本がインターネット・オークションに並んでいたりする。一般の読者のためにサインすることは、僕としてはぜんぜんいやじゃないんだけど、金儲《もう》けのネタにされると思うと、なんか気が進まないですよね。

国外では時々サイン会を開いている。現地の出版社の招待なんかで行くことが多いし、するとキャンペーンの一環として、日程にサイン会が組み込まれている。立場上やらないわけにはいかない。そんなわけで、これまでいろんな国でサイン会をやった。外国で開くサイン会にもやはり専門業者がやって来る。世界中、人がやることはみんな同じなんだなと妙に感心してしまう。

いちばん印象に残っているサイン会は、スペインのバルセロナでやったやつ。二時間近くサインをしていたんだけど、それでも人が多くて時間が足りなかった。おまけに女の子たちは本にサインをしたあとで、「ムラカミさん、キスして下さい」というので、僕もしょうがないから（嘘だ）、立って頬にキスをしていた。そんなことを続けていたら、時間がかからないわけがない。出版社の人は「時間がないから、もうキスまではやめましょうよ」と言うんだけど、そんなもったいないことできないので、「いや、僕は作家として最後まで責務を果たします」と主張し、求められればキスをした。

サインして握手を求められることはよくあるけど、キスを求められたのはスペインだけです。おまけに素敵な女の子が多くて……いや、この話はもうやめよう。世間の憎しみを買ってしまいそうな気がする。

世の中には色紙というのがあるけど、僕はあれがどうしても好きになれない。真四角の白い厚紙で（楕円《だえん》形のものは目にしたことがない）、武者小路実篤先生が「仲よき事は美しき哉《かな》」と書いて、ピーマンとかの絵を添えたりするやつ。地方の旅館に泊まるとたまに、女将が色紙を持ってきて、「何か書いていただけませんか」と頼まれることがある。だいたいは「本以外には署名しません」と言って、わりにきっぱり断るんだけど、断りにくい場合には、端っこの方に小さな字でちょこちょこっと名前だけ書いてお茶を濁す。気弱な犬が広場の片隅でこっそり小便するみたいに。もちろんピーマンの絵なんて描かない。大イカの絵も、パイナップルの絵も描かない。「人生は山登りだ」みたいなことも書かない。名前だけ。とても愛想がないので、みんながっかりする。悪いなとは思うんだけど、芸がないのですみません。

　かつて読売ジャイアンツでプレイしていた内野手デイブ・ジョンソンは「私は日本で、タクシーの屋根と、女性のブラジャーにサインをさせられたことがある」と語っていた。僕はまだどちらもないです。

今週の村上　水洗トイレに「大小」というレバーがあるけど、あれは「強弱」じゃいけないんでしょうか？

ちょうどいい

僕はもうなかなかの歳だけど、自分のことを「おじさん」とは決して呼ばない。いや、たしかに事実的にはおじさんというか、じじいというか、間違いなくそのあたりなんだけど、自分ではそうは呼ばない。なぜかというと「私はもうおじさんだから」と口にした時点で、人は本物のおじさんになってしまうからだ。

女性の場合も同じ。「私なんかもうおばさんだから」と言った時に（たとえ冗談や謙《けん》遜《そん》のかたちであったにせよ）、その人は本物のおばさんになってしまう。いったん口に出された言葉にはそれくらいの力があります。ほんとに。

僕は人というものは年齢相応に自然に生きればいいし、無理して若作りするような必要はまったくないと考えている。でも同時に、無理に自分をおじさんやおばさんにしてしまう必要もない。年齢に関していちばん大事なことは、なるべく年齢について考えないようにすることだと思っている。普段は忘れていればいいんです。どうしても必要なときに、個人的にちょっと、頭の先っぽあたりで思い出せばいい。

＊

毎朝洗面所で顔を洗い、歯を磨く。そして顔を鏡で点検するんだけど、そのたびに「うーん、困ったな、歳とっちゃったよなあ」と思う。しかし同時に「でも実際に歳をとってるんだから、まあこんなもんだろう」とも思う。これくらいでちょうどいいじゃないか、と。

そんなにしょっちゅうではないけど、たまに道を歩いていて読者（なんだろうな）に声をかけられて、握手を求められ、「お会いできて嬉しかったです」と言われることがある。そのたびに「僕なんか毎朝、鏡で自分の顔を見てるけど、そのたびにうんざりしてますよ」と言いたくなる。そんなものを街角で目撃して、何がどう嬉しいのか。とはいえまあ、そういうものでもないのだろう。こんなもので少しでも喜んでいただければ、僕としては何よりです、はい。

いずれにせよ僕にとっては「ちょうどいい」というのが人生のひとつのキーワードになっている。ハンサムでもなく、脚も長くなく、音痴だし、天才でもないし、考えたら良いところなんてほとんどないようなものだけど、でも僕的には「これくらいでちょうどいいと言えば、ちょうどいいかなあ」ということになる。

だって女性にやたらもてたりしたら人生が何かと紛糾《ふんきゅう》するだろうし、脚が長くたって飛行機の座席が窮屈になるだけだし、歌がうまかったらカラオケで歌いすぎて喉にポリープができそうだし、下手に天才だったりすると才能がいつか枯渇するんじゃないかと心配しなくちゃならないし……なんて考え出すと、今あるままの自分でけっこうじゅうぶんじゃないですか。とくにこれといって不便もないし。

そういう具合に、「このへんでちょうどいいかな」とゆるく思えるようになると、自分がおじさん（おばさん）かどうかなんて、どうでもいいことになってくる。何歳だろうがそんなこと関係なく、ただの「ちょうどいい」人です。年齢についてあれこれ感じるところのある方は、できるだけそう考えるといいと思います。場合によっては簡単じゃないかもしれないけど、まあお互い、がんばりましょう。

今週の村上　生まれてからまだカラオケで歌ったことがありません。いいですよね、べつに。

新聞ってなに?

アメリカの新聞を読んでいたら、こんなひとこま漫画があった。お母さんが新聞を広げ、二人の男の子に言う。「新聞によれば郵便局は、土曜の配達をやめるんだって」。一人の男の子は「ん、郵便ってなに?」、もう一人は「ん、新聞ってなに?」と尋ねる。どちらもコンピュータで脇目もふらず、YouTubeやメールをチェックしている。思わず笑ってしまったけど、それと同時に、これってもう笑いごとじゃないんだよなとも思った。「郵便ってなに?」「新聞ってなに?」という時代が実際もう目の前まで迫っているみたいだ。いつの間にか公衆電話が町から消えていったみたいに。

新聞休刊日というのがありますね。月に一回前後のペースで、日本新聞協会に所属している新聞社は新聞を発行しない。宅配もなく、駅売りもない。つまり特殊な例外を除いて、日本全国から新聞がそっくり消えてしまうわけだ。僕はいくつかの国で暮らして新聞を読んできたけど、新聞が休みを取るなんていう話は耳にしたことがない。毎日出

すから日刊紙なので、一日でも休んだら意味がない。あなたの心臓は「毎日せっせと働いて疲れるから、今日は悪いけど一日休むわ」なんて言いますか？　新聞とは社会の鼓動を伝える公器ではないか。

「お互いときどき交代で休みをとりましょうや」というのなら、百歩ゆずってありかもしれないと思う。でも全国の新聞が同じ日に、横並びで揃って新聞を出さないのは、いくらなんでもひどい。新聞社は「新聞配達の人を休ませるためだ」と言うが、そんなの就労条件を考慮すればいいことであって、だから新聞を出さないというのは、目的と手段が完全に逆転している。なぜアメリカで休みなしの宅配ができて、日本でできないのか、その理由を知りたい。

みたいなことを書くと、新聞社にねちねちいじめられるというのは、物書きの世界では常識です。僕もそういう経験をしたことはある。前にこの手のことを書いたら、新聞社の偉い人がすぐに飛んできて、レクチャーみたいなのをぶっていった。要するにソフトな脅しだ。だから多くの人は口を閉ざす。横並びのいじめ、というのはきっと日本社会の基本体質なんだね。談合やいじめを声高に批判するメディアが、自分でも同じことをやってるんだから情けない。こんなことしてたら今にひどい目にあうぞと思っていたら、案の定というか、人々はだんだん新聞を読まなくなった。

結局のところ新聞休刊日ができたおかげで、人々はそれに慣れて、「新聞がなくたって、べつに不自由ないじゃん」と考えるようになったのかもしれない。だとしたら要するに自分で自分の首を絞めたようなものですね。

僕にしても、新聞を買う喜びを感じるのはもう「ニューヨーク・タイムズ・ブックレビュー」くらいになってしまった。これもインターネットでそっくり読めるんだけど、日曜の朝にあのずしりと重い日曜版を買いに行く愉《たの》しみは、ほかには替えがたい。「ん、日曜版ってなに？」みたいなことにならないといいんだけど。

批判は批判として（それくらいの意見を述べる権利はあるはずだ）、新聞社のみなさん、いろいろと大変でしょうががんばってください。

今週の村上　地デジ化なんて面倒だな、もうすべてやめちまおうか、と考えてしまう今日このごろです。

コミュニケーションが必要なんだ

フランスにジョルジュ・シムノンという作家がいた。的確な文体と鋭い観察眼、そこに醸《かも》し出される手応えのある雰囲気が売り物だった。メグレ警部シリーズを書いて世界的な人気を博したが、彼はその二百冊を超える著作によってだけではなく、意欲的なウーマナイザー（女たらし）としても知られている。

作家自身の晩年の告白によれば「十三歳のときに始まって、これまでに約一万人の女性と性的な交渉を持った」ということだ。もちろんこの手の告白には誇張がつきもので、額面通り受け取ることはできない。夫人は彼の死後、一万人というのはあり得ないと語っている。「せいぜい千二百人くらいじゃないかしら」と。でもそれだってすごいですよね。

奥さんの証言によれば、とにかくシムノンさんはまわりにいる女性と片端からやりまくったということである。要求にこたえてしまうまわりの女性たちにも問題がありそうだが、それを知りながら数をカウントしていた奥さんもすごい。いったいどういう夫婦

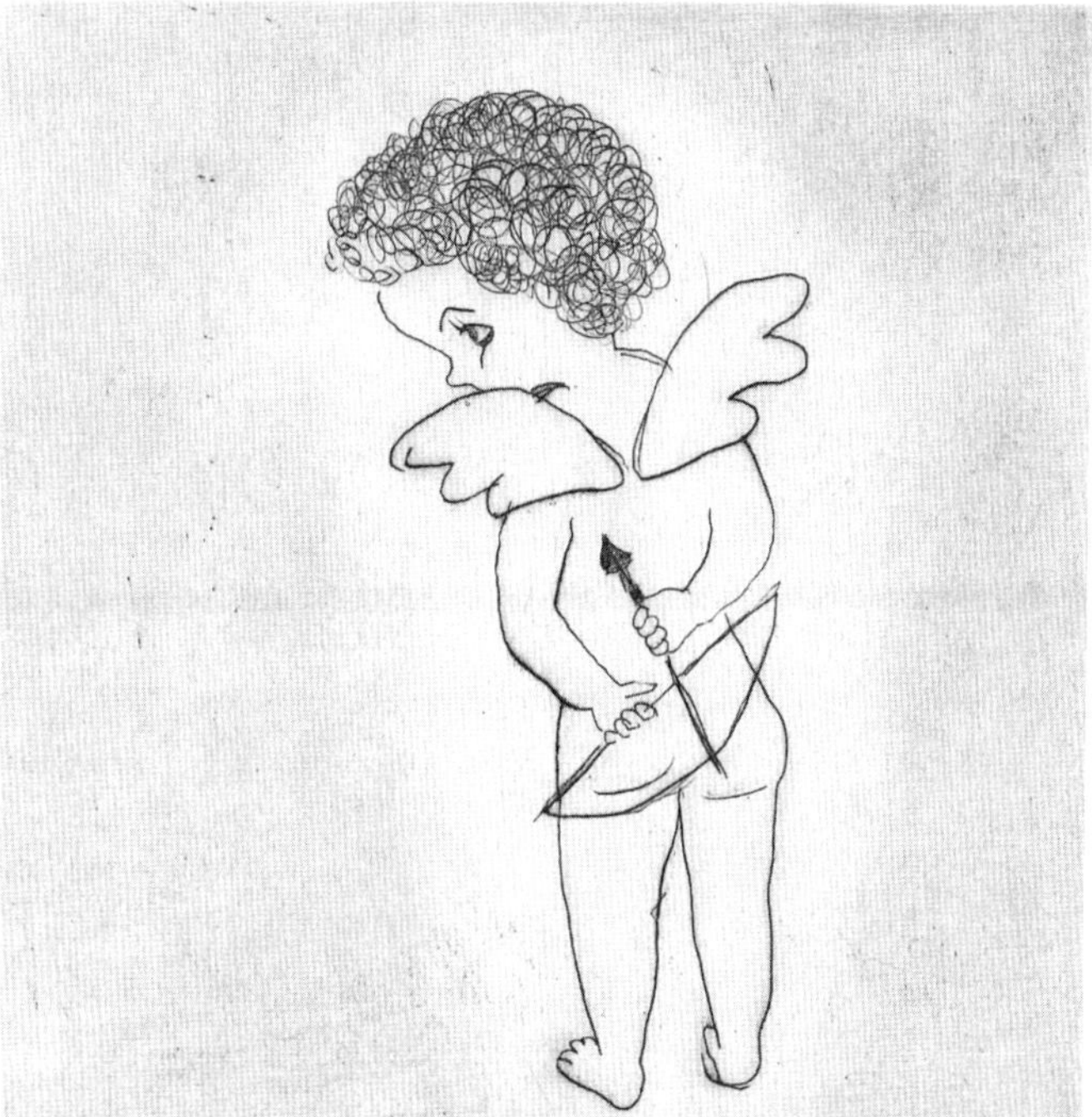

なんだ。

シムノンは「私はセックスを悪徳だとは見なさない。私にはただコミュニケーションをはかる必要があっただけだ」と語っている。しかし僕が思うに、世間の人は一般的に、たとえ性的な関係がなくても、まわりの人々となんとか――常に十分とは言えないにせよ――コミュニケーションをはかって生きているものだ。だって話を通じさせるためにいちいちセックスをしてたら、体がもたないでしょう。

シムノンさん本人はノーベル文学賞をとるつもりでいたのだが、結局とれなかった。でも今となっては、そんなのはどうでもいいことだ。だって考えてもみて下さい、三年前のノーベル文学賞を誰がとったかなんて、覚えてないでしょう。しかしシムノンがセックス・マニアであったことは、伝説として文学史上に燦然《さんぜん》と（でもないか）輝いている。

言うまでもないことだけど、セックスにとって大事なのは数ではなく質だ。その質に満足できれば、相手が一人だってちっともかまわないし、たとえ一万人の異性と寝たって、心にすとんと落ちるところがなければ、すべては時間と精神の浪費に過ぎない。

セックスとは関係ないけど、僕はLPレコードを集めています。奇《く》しくも十三歳のときから買い集めて、今ではかなりの量になる。ほとんどが古いジャズ。「何枚くらいありますか？」と聞かれてもわからない。たくさん買ってはたくさん放出しているので、数えている暇がない。たぶん一万枚は超えていないと思うけど、自信はない。

で、何が言いたいかというと、コレクション（心を注ぐ対象）にとって問題は数じゃないんだということです。大事なのはあなたがどれくらいそれらを理解し愛しているかであり、それらの記憶がどれくらいあなたの中に鮮やかに留まっているかだ。それがコミュニケーションというものの本来の意味だろう、そう愚考します。

日々中古レコード屋に足を運び、黴《かび》くさいレコードジャケットを指で繰《く》りながら、シムノンさんもきっと大変だっただろうなと、労苦をしのんでいる。世間にはいろんな人生がある。

今週の村上　「湯で立てスパゲティー」という看板の店が近所にあったけど、ほんとに湯で立つのかな？

月夜のキツネ

いや、今年の夏（註・2010年のことです）はほんとに暑かったですね……と言うべきところなんだろうけど、僕はじつはぜんぜん暑くなかった。七月の半ばから一カ月半ばかり北欧にいたからです。昼間はけっこう暑いこともあったけれど、日が暮れるとしっかり布団をかぶって寝なくちゃならないくらい涼しくなった。快適な夏だった。すみません、といちいち謝ることもないんだけど。

五週間ほどオスロにいて、それからデンマークに移動し、ミュン（Mφn）島に滞在した。コペンハーゲンから車で一時間半ほどの距離にある、バルチック海に浮かぶ美しい島で、とても静かな（というか、まあ辺鄙《へんぴ》な）ところだ。人口は四万六千人、主要産業はニシン漁。

どうしてそんなところに行ったかというと、文学祭が毎年夏にこの島で開かれるからです。文学祭といっても大げさなものではなく、マリアンヌさんという地元のおばさんが一人で仕切っている手造り風の催しだ。一人の作家だけを呼ぶ。毎年のように「来て

ください」と招待されてきたので、せっかくオスロまで行ったんだからと思って、出てみることにした。

島ではマリアンヌさんのサマーハウスの離れに五日間泊めてもらった。そして二日間続けて、高校の講堂をつかってトークとリーディングをやった。こんなところに人が集まるのかしらんと不安だったんだけど、デンマーク中からたくさんの人が来て、メディアも取り上げてくれて、とても盛況でした。オスロでも同じようなことをやったんだけど、場所が人里離れているぶん、内容的にはむしろミュン島の方が親密に盛り上がったかもしれない。

ミュン島に着いてまず不思議に思ったのは、多くの猫が畑を走り回っていることだった。世界中いろんなところに行ったけど、畑の真ん中で猫が活動している光景なんてあまり目にしたことがない。マリアンヌさんに「どうして？」と尋ねてみたら、猫たちはみんなこの季節は畑に出て野ネズミを捕まえるのだということだった。たしかにマリアンヌさんの家の黒猫姉妹も、夜になると外に出て行って、早朝に夜露でぐしょぐしょになって帰ってくる。「半分野生なのよ」と彼女は言っていた。ミュン島では猫もちゃんとお仕事をしているのだ。

満月の夜、車を運転して食事から戻ってくるときに、やはり畑の真ん中に若いキツネを見かけた。キツネはまるでダンスをするみたいに、そこでぴょんぴょんと跳ねていた。僕が車を停めて見物していても、ちっとも逃げなかった。それは本当に美しい光景だった。キツネは明るい月の光の下で優雅に踊り、僕は魅せられたようにその光景を眺めていた。旅行というのはいろいろ面倒も多いし、何かと疲れるものだけど、でもがんばって出かけるだけの価値はある。

毎朝ジョギングしていると、いつも同じ場所で、いつも同じ鹿を見かけた。僕が近づいていくと飛ぶように逃げる。一時間気持ちよく走って、そのあいだ路上ですれ違ったのは一台のフォルクスワーゲンと、自転車に乗った一人のおじさんだけだった。こういう場所に住むのもいいかもしれないなと思った。

旅行に出るたびに、あちこちでそんなことを思っているような気がするけど。

今週の村上　ノルウェイでは下半身むき出しのマネキンをあちこちのウィンドウで見かけました。どうしてだろう?

太宰治は好きですか？

太宰治って読みますか？

実を言うと僕は長い間、この作家が苦手だった。文体やものの見方がもうひとつ肌に馴染《なじ》まないというか、なかなか最後まで読み通せなかった。作家としての価値を否定するわけじゃなくて、ただテイストがあわないだけ。

三島由紀夫も僕と同じで（同じじゃないと思うけどとりあえず）、太宰作品が苦手だった。戦後まもなく、青年たちの間では太宰が圧倒的な支持を得ていたのだが、若き日の三島はそれが気にくわず、ことあるごとに悪口を言っていた。友人たちは面白がってある日、三島を太宰のところに連れていった。三島の回想によれば、彼はその一世を風《ふう》靡《び》した人気作家に向かって「僕は太宰さんの文学はきらいです」と言った。すると太宰は誰にともなく「そんなことを言ったって、こうして来ているんだから、やっぱり好きなんだよな」と言ったという。

三島は「今では自分も同じ目にあうようになった」と書いている。若い人々が三島の

ところにやってきて、面と向かって「僕はあなたの作品が好きじゃない」と宣言するわけだ。要するに回り持ちですね。だからそのときの太宰の心持ちも察しはつく。でも自分は太宰のような対応はしない。大人らしく笑ってすり抜けるか、聞こえないふりをするか、どちらかだ、と。

僕の場合、誰かに面と向かって「あなたの作品はきらいです」と言われたことがあったかなあと考えてみたんだけど、思い出せない。しょっちゅう言われてきたような気もするし、一度も言われてないような気もする。僕はあまり人前に出ないので、そんなことを正面切って言われる機会そのものがなかったのだろう。

でももしそんな立場に立たされたら、「それもまあしょうがないかもな」と思うかもしれない。というのは僕は、自分がこれまで書いた本に今ひとつ満足がいかないからだ。もちろん一冊一冊に愛着はあるし、全力を尽くしたという自負はある。しかし時間がたつと、だいたい不満な箇所、未熟な部分ばかり目についてくる。だから「あんなものきらいだ」と誰かに言われると「うん、ある意味そうかもしれない」と納得してしまうところがある。そんな素直に納得してちゃいけないんだろうけど。

＊

いずれにせよ僕はここのところ、朗読された太宰の作品をｉＰｏｄにダウンロードして、旅行の車中なんかでちょくちょく聴いています。肌があうとはやはり言いがたいし、ところどころ「やれやれ」とため息をついたりもするけど、活字ではなく朗読で聴いているとなぜか、話の流れをあるがまま、鷹揚《おうよう》に受け入れることができる。たぶんその癖のある文体が、活字を目で追うときほど直截《ちょくさい》な力を持って迫ってこないからだろう。それともただ僕がもう若くなくなって、自分とは異質のものも平穏に受け入れられるようになったというだけのことなのかな。

しかし考えてみたらたしかに、もし真剣に相手のことがきらいだったら、「あんたの書くものがきらいだ」と言うためだけに、その人のところまでわざわざ足を運んだりしないですよね。理屈として正しい。太宰治に一票。

しかし小説家って何かとめんどくさい人種だ。本当につくづくそう思います。

今週の村上　このあいだ「柿の種クランチ・チョコレート」を食べました。悪くないんだけど、必然性がもうひとつうまく見えない。

他人のセックスを笑えない

アイスランドに行ったことありますか？　僕はあります。とても興味深いところだったので、機会があったらまた行きたい。通貨の混乱やら、火山の爆発なんかで、最近はあまり良いイメージがないみたいだけど、空気はきれいだし、人は親切だし、いたるところに温泉が湧いて、苔《こけ》もとてもきれいで、幽霊も多い。

レイキャビクのホテルで眠れないままテレビを見ているときに、セックス・チャンネルをみつけた。セックス・チャンネルとは何ですか、とあなたは尋ねるかもしれない。男女がセックスをしているところを休みなく映し続けるチャンネルです。屈折したいやらしい趣向はとくになく、いろんな男女がかわりばんこに出てきて、ごく健全にいろんな体位で性交する。もちろん性器とかそういうのは丸出しで、前戯から挿入から射精まで、きちんと丁寧に見せる。

僕も最初はびっくりしたんだけど、そのうちになんだか器械体操の演技を見ているみたいな気持ちになってきた。そこにはある種の厳粛ささえ漂っている。椅子《いす》の上で思わ

ず居住まいを正して、けっこう真剣に見てしまった。こんなことを言うのもなんだけど、世の中には実にいろんな色かたち大きさの性器があるものですね。思わず「うーん」とうなって感心してしまう。長生きはするものだ。

でも三十分くらい見ていると、さすがにいくぶん飽きてきた。なにしろ台詞《せりふ》も筋書きもなく、裸の男女が生真面目な顔をして、さくさくセックスをしているだけだから(なぜか笑いながらやる人はいない)、結局は同じ繰り返しになる。多少目先を変えたところで、パターンの数は限られている。変なたとえだけど、まるで環境ビデオを見てるみたいな感じだ。「海の生き物たち」とか。

日本でもこういうチャンネルがあれば、逆に性犯罪が減少するんじゃないかと思った。他人のセックスを眺めているうちにだんだん、「こんなことにいちいち目の色変えて、真剣になっている人生って、考えてみりゃむなしいよな」という気持ちになってくるのだ。

ハンブルクに大きな売春街があって、一度そこに取材に行ったことがある(ほんとに取材です)。時間つぶしに近くのバーに入ったら、店の大型テレビはサッカーの中継を放映していた。ドイツ・トルコ戦。客はみんなビールを飲みながら、大声でドイツ・チームの応援をしていた。会話ができないくらいの賑《にぎ》やかさだ。

ところがやがてハーフタイムになり、画面は突如アダルト・ビデオに切り替わった。「あーん、いやーん、そんなのやめて。もう駄目」みたいなやつ。客席は急速にしーんと静まり返り、みんなビールを飲むことさえ忘れ、固唾《かたず》を呑んでその濃厚な画面を見つめていた。

でも十五分が経過し、ゲームの後半が始まると、「あーん、いやーん」は途中であっさり打ち切られ、店内は再び「行け、ドイツ！」「そこだ、シュートだ！」的騒乱状態に戻った。その切り替えのあまりの速さに、僕は仰天させられてしまった。ドイツ人、すごいなあ。

でもセックスって、考えれば考えるほどなんか変なものですよね。なるべく考えないようにしよう。

今週の村上　関西のスポーツ紙の見出しに「ブラ一発」とあったけど、阪神タイガースのブラゼルが本塁打を打ったということみたいです。

本が好きだった

十代の頃は本がなにより好きだった。学校の図書館に箱入りの新刊が入ると、司書の女性に頼んで不要の空き箱をもらい、その匂いをただくんくん嗅《か》いでいた。それだけで幸福だった。そこまでマニアックに書物に惹《ひ》かれていた。

もちろん匂いを嗅ぐだけではなく、読むこともよく読んだ。紙に活字が印刷してあれば、ほとんど何だって手にとって読んだ。各種の文学全集を片端から読破した。中学高校時代を通して、僕よりたくさん本を読む人に巡り合ったことがない。

でも三十歳のときに作家と呼ばれるものになり、その後はとり憑《つ》かれたように本を読むということはなくなった。気に入った本を熟読することはあるが、昔のように「当たるをさいわい、ばったばった」という感じでは読まない。本を所有することにもとくに関心はない。読んだ本は、あとで役立ちそうなものは別にして、適当に処分してしまう。

それでもたまに自分の本棚を見渡し、幾多の引っ越しを生き延びてきた古い本の背表紙を眺めていると、「そうか、僕という人間は結局のところ、本によってつくられてき

たんだな」と実感する。何しろ、多感な青春時代を通して、書物による情報のインテイクが圧倒的だったので、そのへんでとりあえず人間がひとつ出来上がってしまっている。「女たちが私という人間をつくった」なんてさらっと言えるとかっこいいんだけど、そうじゃなくて、僕の場合は本です。もちろん「女たちが私にいくつかの変更を加えた」くらいのことは言えるけど。

スペインのガリシア地方にサンティアゴ・デ・コンポステーラという都市があり、ここの高校生たちが「今年読んだいちばん面白かった本」を選び、その作家を学校に招待する。数年前に『海辺のカフカ』が選ばれ、僕が海を越えて表彰式に出向くことになった。もちろん高校生にそんなお金があるわけはなく、どこかのスポンサーがついている。

高校の講堂で表彰式があり、そのあとみんなでテーブルを囲んで食事をする。で、高校生たちといろんな話をしたのだけど、みんな小説の話をすると目がきらきらする。でも男女の別なくほとんどの学生は、大学に進むと文学ではなく、医学や工学を専攻するという。

「ガリシアは豊かな土地ではなく、産業もあまりありません。外に出て仕事をみつけなくてはならず、そのためには実際的で専門的な技術を身につける必要があるのです」と一人が僕に教えてくれた。ずいぶんしっかりしている。

そういう若い人たちが、こんな遠く離れたところで熱心に、あるいはときには貪《むさぼ》るように、僕の小説を読んでくれているのだと思うと、とても嬉しかった。そういえば僕も高校生の頃は目をきらきらさせて、時間が経つのも忘れて本を読んでいたな、と思い出した。

高校時代には、自分が小説家になるなんて考えたこともなかった。自分にいつかまっとうな文章が書けるなんて思いもしなかった。ただ本を読んでいるだけで幸福だった。いや、本の箱の匂いを嗅いでいるだけでもけっこう幸福だった。今では当たり前の顔をして、なんか偉そうなことを言ってるけど。

今週の村上　ヤクルトの田中浩康のバットの構え方って、猫が尻尾を立てて振っているみたいですね。

携帯電話とか、栓抜きとか

一九六〇年代にクロード・ルルーシュの監督した『男と女』というフランス映画がありました。知ってますか？　当時の少年少女たちはこの映画にすっかりしびれたものだった。当然のことながら今ではもうその人たちは、少年でも少女でもぜんぜんなくなっているけど。

このあいだ何かのついでにこの映画を見ていたら、主演のジャン・ルイ・トランティニアンが車の中で携帯電話を取り出して耳にあてるシーンがあった。え、ちょっと待てよ、この時代に携帯があるわけないだろ、と思ってよく見たら、ただの電気剃刀《かみそり》だった。車で夜明かしをして、のびた髭《ひげ》を剃っているところだったんですね。おいおい、まぎらわしいことするなよなとか思うんだけど、当時の人はもちろん、ゆくゆく携帯電話が登場するなんてことは知らない。

考えてみれば、携帯電話がなかった時代には、人は携帯電話がないことをとくに不便には思わなかったような気がする。携帯電話がないというのが通常の状態だったんだか

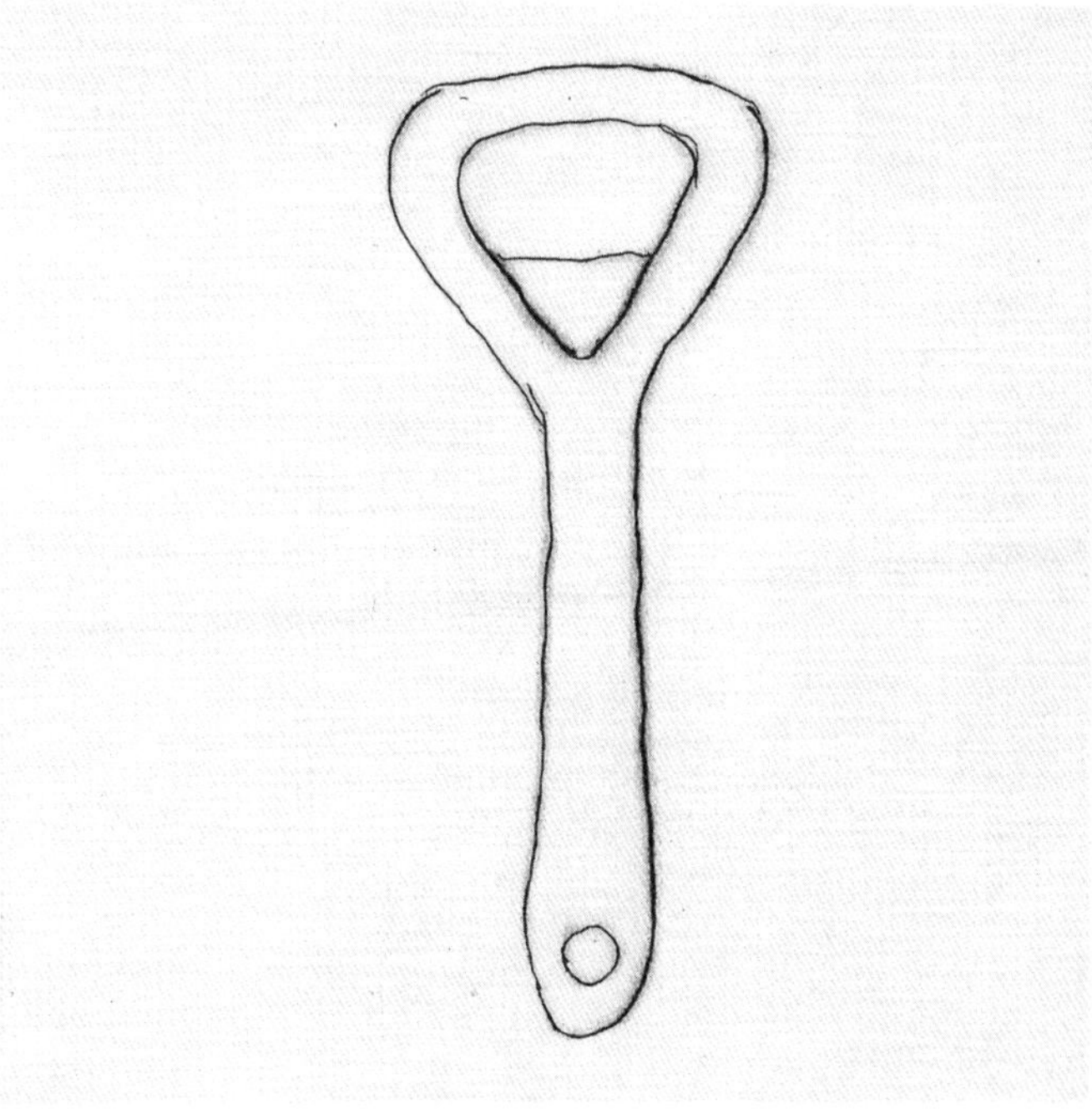

ら。もしビールの栓抜きがなかったら、それはずいぶん不便に思ったことだろうが。

じゃあ、携帯なんてなくてもいいのか、と問われると、僕にもそこまで断言する自信はない。あればもちろん便利だけど、ないときにはなくてもとくに不自由なかったよな、としか言いようがない。文明というのはなんだか不思議なものですね。新しい不自由をひとつつくり出しながら、ひとつ便利になっていく。僕は何はともあれ個人的には、携帯電話よりもビールの栓抜きの方に好感を持っているけど、それはただ単に僕がビールが好きだからというだけのことかもしれない。


しかし考えてみたら、ビールの栓抜きを使うこともなくなってしまった。昔は近所の酒屋さんが瓶ビールをケースで届けてくれたものだけど、最近は量販店で缶ビールをまとめて安く購入するのが主流になってしまった。缶の方が軽くて持ち運びも便利だし、いちいち空き瓶を処分する手間も省ける。

でも、世界中のあらゆる神様の前で正々堂々と宣誓《せんせい》してもいいけど、ビールは缶で飲むより、瓶で飲んだ方がはるかにおいしいです。その証拠に、もし鮨屋で缶ビールが出てきたら、大方の客は「冗談じゃない」と苦情を申し立てるはずだ。なのにみんな家に帰ると、（おそらく）文句ひとつ言わず缶ビールを飲んでいる。これはどう考えても欺《ぎ》瞞《まん》的な生き方ではないか……と偉そうに言うこの僕だって、家ではへこっという情けない音を立ててプルリングを開け、缶ビールを飲んでいます。ついつい現実的手軽さに負けてしまう。すみません。

　しかしくしゃっとつぶされたビールの空き缶って、なんか切ないですね。そう思いませんか？　昨夜飲んだアルミ缶を朝に見るたびに、わけもなく空しい気持ちになる。「ああ、またこんなに飲んぢまって」とか。それに比べれば空き瓶って、いつもすくっと直立して潔《いさぎよ》い。

　ときどきまだ携帯電話なんてなくて、栓抜きを使って由緒正しく瓶ビールを飲んでいた時代のことを思い出す。あれはあれでなかなか良い時代だった。今より楽しかったかときかれると、うーん、答えに窮《きゅう》するけど。

今週の村上　「我が町に不審な者は不要なり」という看板がうちの近所にあった。急にそんなこと言われてもねえ。

キャラメル・マキアートのトール

日本から新婚旅行で来ているとおぼしき若いカップルを、外国でよく見かける。とても楽しそうだ。「よかったね、結婚できて」と、ひとごとながらつい思ってしまう。みんながしっかり独身を通したりすると、日本の労働人口がますます少なくなっていくから。

ただそういう人たちを見てて、しばしば首をひねってしまうんだけど、女性が前に出て英語の会話を受け持ち、男は背後でもじもじしながら、用が済むのを待っているという光景をよく目にする。なぜだろう。女性の方が男性より語学に優れているのだろうか？それとも社会全体の傾向として、女性のボルテージが向上し、逆に男性のそれは減退しているのだろうか？

学校の成績を見ると、男子より女子の方が優秀な場合が多いから、新婚旅行もその延長線上にあるだけなのかもしれない。ひとごとながら「おい、ちょっとしっかりしろよな」と男に言いたくなるけど。もちろん言わないけど。

＊

数年前、ホノルルの「スターバックス」で注文の順番を待っていたら、僕の前に日本人の女性がいた。新婚旅行中の人らしく、例によって彼女が列に並んで注文をし、若いご主人は椅子に座って所在なげに待っていた。カウンターで注文を受けているのは、金髪をポニーテイルにしたアメリカ人の女の子だった。

女性が「あの、キャラメル・マキアートのアイスのトールをひとつと……」とたどたどしく英語で言うと、カウンターのアメリカ娘は「はい、キャラメル・マキアートのアイスのトールをひとつですね」と流ちょうな日本語で反復した。たまたま日本語のできるアメリカ人だったんだね。でも僕の前の女性は、相手が日本語を話していることに全然気づかないらしく、そのまま英語で「あとアイス・カフェオレのトールをひとつ下さい」と言った。

アメリカ娘はその後も動じることなく、終始にこやかに日本語で通し（お店で飲まれますか、テイクアウトなさいますか、お名前は？）、僕の前の女性は最後まで英語で通した。きっと前もって「英語でこう言わなくちゃ」とプログラムしていて、それで頭がいっぱいで、相手が何語を話しているかまで気が回らなかったのだろう。金髪娘に日本語が話せるかもしれないなんて、彼女の想定の中にはなかったのだ。

よほど「あの、向こう日本語しゃべってますけど」と教えてあげようかと思ったんだけど、いや、余計なことはしない方がいいと判断し、その奇妙にすれ違う会話にただ神妙に耳を傾けていた。ま、話が通じればそれでいいわけだし。その光景を思い出すとつい微笑んでしまうのだが、決して滑稽《こっけい》だとか、そんな風に思っているわけではない。むしろ僕はそのとき彼女に対して自然な好感を抱いたし、今でも抱いている。当然のことながら、後ろで椅子に座ってぼけっと待っている男より断然偉いと思う。外国で、慣れない言葉で相手に意志を伝えるというのは、ほんとに骨の折れることなんだよね。彼女がどこかで幸福な結婚生活を送っているといいんだけどと思う。そんなの余計なお世話かもしれませんが。

ところでキャラメル・マキアートってまだ飲んだことないけど、どんな味がするんだろう？

今週の村上　そういえば僕はスターバックスで普通のコーヒー以外のものを飲んだことないな。人生で損をしているのだろうか？

おいしいカクテルの作り方

僕はその昔、小説家になる前のことだけど、バーみたいなものを七年ほど経営していた。当然のことながらカクテルもよく作った。シェーカーをしゃかしゃかと振って。で、そのときにつくづく思ったんだけど、カクテルひとつを作るのでも、上手な人と上手でない人がいる。上手な人が作ると、わりにいい加減に作っていてもおいしいし(本人はお酒が飲めなかったりする)、別の人が作ると、丁寧に真剣に作ってもそれほどおいしくない。僕自身は「まずまず」の部類だったと思う。

オーソン・ウェルズの作った『市民ケーン』という映画がある。アメリカの大富豪が若い愛人を大歌手に仕立てようと、イタリアから一流教師を呼び寄せて訓練にあたらせる。ところがこの女性にはそもそも才能がない。最後にその教師は天を仰いで言う。「世の中には歌を歌える人間がおり、歌を歌えない人間がいる」。それだけ言って国に帰ってしまう。

変な話だけど、セックスなんかもそうですね。うまい人は生まれつきうまいし、うま

くない人は生まれつきうまくない。勉強してどうなるというものではない。えーと……、まあこの話はやめよう。

何の話だっけ？　カクテルの話だ。

店をやっているとき、従業員が入るたびにカクテルの作り方を教えたが、どれだけ練習してもだめな人もいれば、最初からすらっと美味なカクテルを作れる人がいた。これはもう生まれつきのものとしか言いようがない。

そのことを『国境の南、太陽の西』という小説の中で書いた。美味なカクテルを作るには、作り手の側に生来具《そな》わった何かしらが必要なんだと。するとある批評家に「そんなことが実際にあるわけがない」と批判された。僕は小説の中では実際にあったことをまず書かないのだけど、たまに本当のことを書くとよく「そんなの嘘だ」と非難される。どうしてだろう。僕の側に何か人格的な問題があるのかもしれない。

でも僕のささやかな人生経験から言って、そういうことってちゃんとある。論理的な説明はつかないけど実際にある。いやしくも人を感心させるカクテルを作るには、持って生まれたそれなりの資質が必要になる。それが事実です。そしてその手の、小さいけれど打ち消しがたい事実は、人生の身銭を切ることによって初めて、腹の底まできっちり届くものになる。

僕は個人的にはカクテルがとくに好きではない。日常的にはだいたいビールとかワインとか、ウィスキーのオンザロックとかをシンプルに飲んでいる。でも本格的なバーに行くと、せっかくだからカクテルを注文する。

僕が比較的好きなのはウォッカ・ベースのカクテルだ。ウォッカ自体にはほとんど味がないので、カクテルの上手下手がわかりやすい。バラライカ、ブラディー・メアリ、ウォッカ・マティーニ……。たとえばスクリュー・ドライバーみたいな単純なロング・ドリンクでも、微妙なセンスのあるなしで味わいが不思議に違ってくる。そういうところは文章と同じだ。

お店の宣伝をするわけではないけど、青山「バー・ラジオ」のブラディー・メアリはやはり一飲の価値があると僕は思います。

今週の村上　歌いながら泳ぐ人って意外に多いんですね。僕の愛唱歌は『イエロー・サブマリン』です。ぶくぶく。

あざらしのくちづけ

あざらしオイルって知ってますか？　文字通りあざらしの脂肪から作られたサプリメント。北極圏のイヌイットたちは野菜を食べず、動物性の食品ばかり食べているのに、動脈硬化がほとんど見受けられない。調べてみると、その理由は彼らが日々食べているあざらし肉にあることがわかった。そこに含まれたオメガ3系脂肪酸が、血液をさらさらにし、心臓を剛健に関節を柔軟に保つ効果を持っていたのだ。

あざらしオイルは日本でも手に入るが、わりに高価なものなので、オスロに行ったときに現地で購入した。サプリメント屋さんでカプセル入りのものを買おうとすると、レジのおばさんに「カプセルよりナマの油で飲んだ方がずっと効果あるのよ。でもまあ、ちょっと臭いからねえ……」と言われた。「外国人には無理かも」っぽい響きがそこに聴き取れたので、「よし、やってやろうじゃないか」みたいな成り行きになって、ナマ油の方を買ってきた。油の方がカプセルよりずっと安価だったことも理由のひとつとしてあるけど。

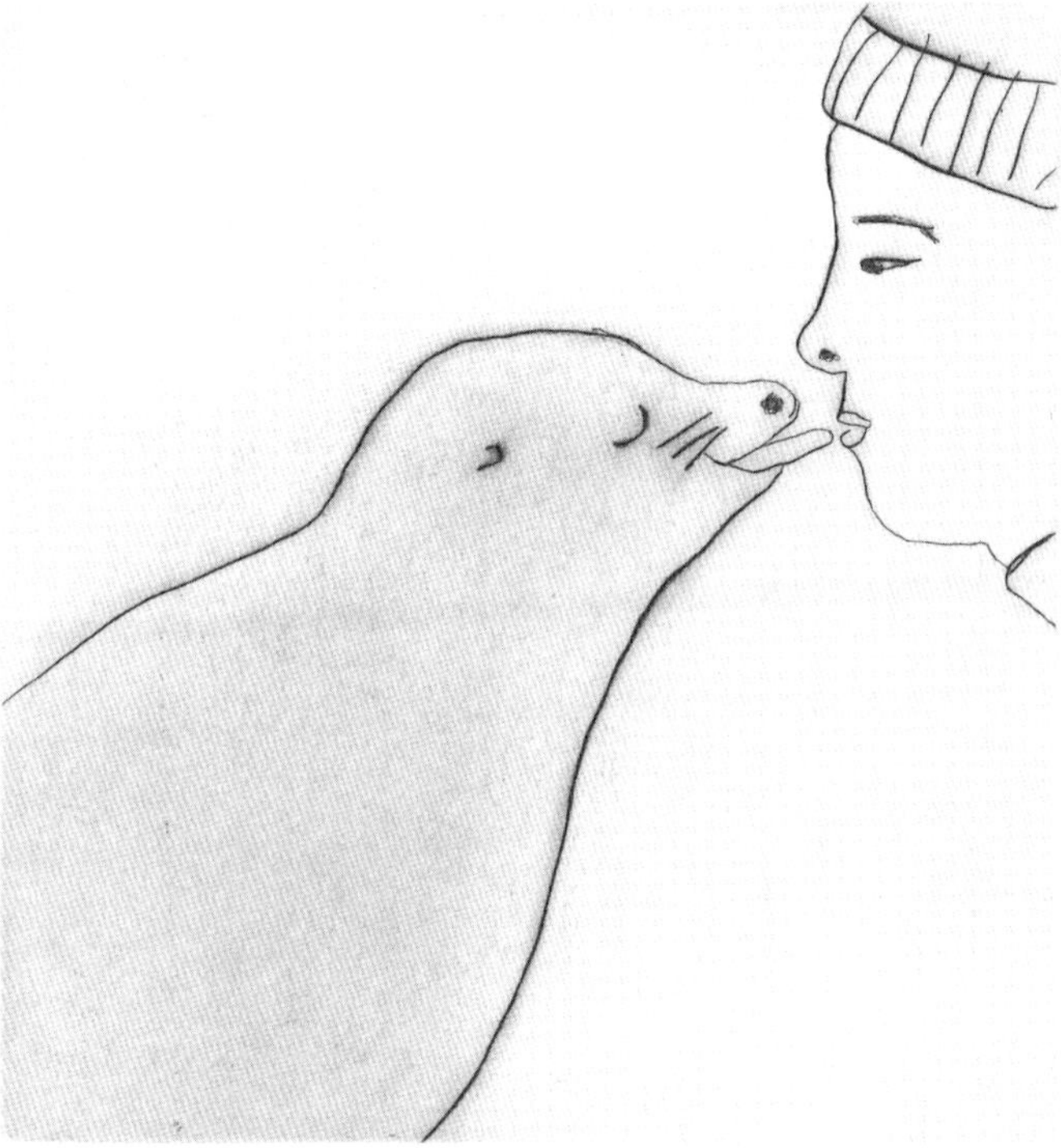

ところが実際には「ちょっと臭い」なんてものじゃない。冗談抜きでとことんナマ臭い。「朝目が覚めたら身体の上に大きなあざらしが一匹乗っかっていて、どうやってもはねのけられず、無理やり口をこじ開けられ、生あたたかい吐息とともに、湿った舌をぐいぐい中につっこまれてきた」くらい臭い。断じてそんな目にあいたくないですよね？ でも僕には変に負けず嫌いなところがあり、「なにくそ」と思いながら毎朝大スプーンに一杯そのオイルを飲んでいた。呼吸をせずにぐいと飲んで、そのあとグラスに一杯水を飲むんだけど、それでもまだムカムカする。だから間髪を入れずクッキーみたいな甘いものをぽりぽり食べる。そうしないととても耐えられない。スプーンとグラスにも強い匂いがついているので、すぐ洗剤で洗わなくてはならない。

で、効果はあったかときかれると、あったと断言はできない。そこが各種サプリメントの問題点だ。飲んだ結果と飲まなかった結果を公正に比較対照することができない。それにもともと健康に問題はないから、何がどう良くなったと数値で示すこともできない。でも一カ月半外国を旅行してまわり、外食が多くて、それでいて身体の不調はまったく感じなかったから、たぶんそれなりの効用はあったのだろう。

というか、こんなに臭いものを毎朝我慢して飲んでいるんだから、効果がなかったらただじゃおかんぞ、という決意が僕の中に堅くあり、それが僕の健康を普通以上に増進させているような感もある。カプセルで気楽に飲んでいたら、あざらしオイルに対するこれほど強いコミットメントはおそらく生まれなかったに違いない。

ノルウェイの人にその話をすると、みんな顔をしかめた。子供のころ無理に飲まされた記憶があるから。「あんな臭いものよく飲むね」と感心された。ちなみに今のところ、生のあざらしオイルは通販では手に入らないようだ。進んで苦難の道を歩みたい方は、あるいはあざらしのディープキスを一度体験してみたい方は、オスロまで行って買うしかないかもしれない。でも臭いですよ、ほんとに、冗談抜きで。

今週の村上　アリクイにディープキスされるのも大変そうですよね。そんなことわざわざ考えなくてもいいんだけどさ。

うなぎ屋の猫

その昔、表参道の交番のそばに小さなうなぎ屋があった。名前は覚えていない。古いしもたや風の造りで、だいたいいつも客席の座布団の上で猫がひなたぼっこをしていた。僕は昼下がりにそのうなぎ屋にいって、猫の隣でうなぎを食べるのが好きだった。今ではもうそのうなぎ屋はなくなって、たしか「サブウェイ」というファストフードの店になっている。

昔はあのあたりもずいぶんのんびりして、人通りも多くなく、猫が気持ちよく昼寝できるような環境が残っていた。僕が隣でうなぎを食べていても、猫はぜんぜん気にせずにぐうぐう寝ていた。きっとうなぎの匂いなんて嗅《か》ぎ飽きていたのだろう。

青山のあたりにはずいぶん長く住んでいて、いろんな店に通ったのだけど、そのほとんどはもう姿を消してしまった。スーパーでいえば「ユアーズ」もなくなり、「紀ノ国屋」もすっかり様変わりした。二十代のころ、僕が紀ノ国屋で思案しつつ野菜を買っている

と、年配の店員がやってきて、新鮮なレタスの選び方を熱情を込めて長々とレクチャーしてくれた。この人、よほど暇なのかなと思ったんだけど、あとで「それは紀ノ国屋の社長だよ」と誰かから聞いた。真偽のほどはわからないが（もし本当だとしたらなかなか素敵な話ですね）、いずれにせよそこでレタスの選び方を覚えた。

青山橋の近くにレストラン「ＫＩＨＡＣＨＩ」があったころ、大雨や大雪が降ったり、台風が来たりすると、いつもそこに食事をしにいった。普段はなかなかテーブルが取れないのだが、天候がひどくなると予約キャンセルが相次ぐので、がらがらの店内で心静かに食事を楽しむことができた。そのとき僕はすぐ近くのマンションに住んでいたので（これも最近取り壊されたが）、大雨も強風もへっちゃらだった。よく「そろそろ台風、来ないかな」とか思ったものだった。「ＫＩＨＡＣＨＩ」もどこかに移転した。

根津美術館の近くに「アフタヌーン・ティー」があったころ、そこによく本を読みにいった。落ち着いて本を読める明るい喫茶店はなかなかないので、けっこう重宝した。しかし僕が重宝する店はだいたいほどなく姿を消してしまう。そして今では、見渡す限り「スターバックス」ばかりになった。

神宮球場の帰りにはよく、外苑西通りのバー「アルクール」に立ち寄ってお酒を飲んだ。僕が適当な名前をでっち上げてカクテルを注文すると（たとえば「シベリア・ブリーズ」とか）、やくざなバーテンダーは顔色ひとつ変えずに適当なカクテルを作って出してくれた。変わった店だった。そのすぐ近くにある「Roy's」のカウンターで、生ビールを飲みながら仔牛のカツレツを食べるのも、僕のひそかな楽しみのひとつだった。残念ながらどちらもよそに移っていった。

でも僕がいちばん懐かしく思い出すのは、表参道のうなぎ屋かもしれない。表参道ヒルズもなく、ルイ・ヴィトンもベネトンもなく、半蔵門線もなく、交番のおまわりさんはいつ見ても暇そうで、猫は日の当たる座布団の上で熟睡していた。でも猫って、うなぎにはまったく興味がないのかなあ。

今週の村上　昔飼っていた猫は品川巻の海苔が好物だった。おかげで僕は海苔なしの中身ばかり食べることになった。

ガラスの家に住む人は

翻訳の仕事をしていると、年がら年中辞書を引くことになる。とにかく辞書を生涯の友にするくらいじゃないと、この仕事はつとまらない。知っているはずの単語でも、念のために辞書を引いてみる。するとそこには何かしら新しい発見が……

翻訳なんかするつもりはないから、そんなことどうでもいい？　そうですよね、普通は。まあいいや。いちおう話として聞いて下さい。

僕は辞書に載っている例文やらことわざを覚えるのが昔から好きで、そういうのがあると、手元の紙にちょちょっとメモをしておく。たとえば、

Those who live in glass houses shouldn't throw stones.

ガラスの家に住む人はみだりに石を投げるべきではない。人を責めたり非難する前に、自分に弱みがないかどうか、いちおうチェックしといた方がいいですよ、ということだ。他人の失敗に対して偉そうな物言いをして、自分も過去に同じような過ちをしていたことがばれたりすると、赤っ恥をかく。「ふん、お前に言われたくはねえよ」みたいなこ

となる。
野党時代にさんざん偉そうなことを言っていた人が、選挙で勝って総理大臣になって、ふたを開けてみたら……なんてこともありましたね。政治家はそれが商売だからいいけど、普通の神経の人だと立ち直れない場合もあるから、できるだけ気をつけた方がいいと思います。

で、また翻訳の話に戻るんだけど、他人の翻訳を読んでいると、仕事柄というか、誤訳が気になる。だいたいにおいて他人の欠点というのは、自分のそれより目につきやすいものなのだ。大半は大筋には関わりのない細かい間違いだけど、「これ、ちょっとまずいんじゃないか」というものもたまにある。

ロングセラーになっているあるアメリカ小説に、いつも錠剤の胃薬をぽりぽり嚙《か》んでいるバーテンダーが、そこそこ大事な役どころで出てくる。胃弱に悩んでいる、わりに神経質な人なんです。ところが翻訳では彼はいつも葉巻を嚙んでいることになっている。葉巻と胃薬では話が違いますよね。葉巻をくわえながら仕事をするバーテンダーも非現実的だし。でも今までこの小説を読んできた日本の読者の脳裏には、そのバーテンダーがマッチョに葉巻を噛みしめている光景が焼きついている（はずだ）。

もし話の本筋に関わるような重要な訳の間違いがあれば、編集者に耳打ちすることはある。でも大きな声は出さない。なぜなら過ちを犯さない翻訳家なんていないし（ミスタッチのないピアニストがいないように）、もちろん僕だって誤訳と無縁ではいられないから。つまりガラスの家に住む人として、むやみに石は投げないように心がけているわけだ。他人の間違いを見つけると、「僕もしっかり気をつけなくちゃな」とひそかに自戒するだけだ。自戒しても、それでもやっぱり間違うんだけどね。

ただ言い訳をするわけではないが、世の中には誤訳よりもっとたちの悪いものがある。それは読みづらい悪文の翻訳と、味わいを欠いた退屈な翻訳だ。それに比べたら、胃薬と葉巻の違いくらい……よくないか。困ったな。

今週の村上　十二月ですね。季節が終わらないうちにクリスマス・レコードを一通り聴かなくちゃ、と忙しいです。

ギリシャの幽霊

僕は縁起を担いだり、霊感を信じたりするタイプでは全然ないけれど(どちらかといえば散文的な人間だ)、でもある場所に来て「ここはまずい」と感じることはたまにある。ここには長居しない方がいいぞ、と。

あるギリシャの港町のホテルがそうだった。そのときは雑誌の取材でギリシャの島を訪れていた。僕と編集者と、写真のミウラさんとその助手の四人。我々は日が暮れてから、くたくたになってそのさびれた港町にたどり着いた。うらぶれたホテルをやっと一軒みつけ、僕が主人と部屋の交渉をした。僕はいくらかギリシャ語が話せたので、そういう役をつとめていた。

でも足を踏み入れたとたん「このホテルはやばい」と思った。空気がじとっとして、身体にまとわりつく不快な感触があった。壁も天井も妙に白っぽい。こんなところには泊まらない方がいい、直感的にそう思った。

部屋は三つ空いていて、料金は一部屋が千円(くらい)。もちろん格安だけど、泊ま

りたくないから、「悪いけど、もっと安い宿をあたってみる」と言ってそこを出ようとした。すると主人は「七百円でいい」と言う。僕が「それでもちょっと」と言うと、「じゃあ五百円にする」とひきとめる。そこまで値引きされると、僕としても断る理由がなくなってしまった。いくらシーズンオフのギリシャでも一泊五百円の部屋代を高いとは言えない。

編集者に「どうしよう」と相談すると、「なんか雰囲気は不気味だけど、みんな疲れてるし、ここでいいんじゃないですか」と言う。だから部屋を三つとった。僕と編集者が一部屋ずつ。ミウラさんと助手が一部屋。

部屋も奇妙だった。ホテルの部屋というよりは病室みたいに見えた。あるいはそこはかつて本当に病院だったのかもしれない。白く塗られた鉄製の簡素なベッドが部屋の真ん中に置かれていた。「やだなあ」と思ったけど、僕も疲れていたから、持参したウィスキーをあおって、そのまま眠ってしまった。

朝になり、朝食の席で助手の男の子に会ったら、「実は夜のあいだにすごく恐ろしいことがありまして、ほとんど眠れませんでした」と言う。青い顔をして、心なしか震えている。

彼が真夜中にふと目覚めると、ミウラさんの眠っているベッドの周囲を、黒い人影のようなものがかなりの勢いで回っていた。窓から差し込む街灯のあかりに淡く照らされ、その見定めがたい何かは、速度を落とすことなくいつまでも回り続けていた。彼はそのまま一睡もできず（まあできないよな）、その不気味な周回を震えて見ているしかなかった。

起きてきたミウラさんに「ミウラさんは何も感じなかったの？」と訊くと、「そんなこと、なんも知らねえよ。ああよく寝た。腹減ったよ」ということだった。そういう人なのだ。

それがどういう種類の幽霊で、何を目的として夜中にその部屋に出没するのか、もちろん僕にはわからないんだけど、何ひとつ感じることなく爆睡しているミウラさんのまわりを一晩かけてぐるぐる回り続け、それで何か得るものがあるんでしょうかね。幽霊に関しては何かと理解しがたい部分がある。

今週の村上　学生のとき北陸を旅行していて、公園で野宿したつもりで、起きてみたら墓地だったことがありました。

お一人様の牡蠣フライ

結婚生活を送っている方にはおそらくわかっていただけると思うんだけど、夫婦で食べ物の好みが違うというのは、なかなか面倒なものですね。うちの場合はだいたい魚と野菜中心、薄味というあたりで共通しているからまだましなんだけど、それでも調理・食材の好みはあちこちで異なる。

たとえばうちの奥さんは揚げ物、鍋物が全般的に好きじゃないので、結婚してこのかた、そういうものはいっさい作ってくれない。「生き方に反する」ということだ。そう言われると反論のしようがない。夫婦とはいえ「生き方に反してくれ」とはなかなか言えない。「じゃああなたにもひとつ、生き方に反してもらいましょう」とか言い出されたらけっこう困る。

だからたとえば牡蠣フライとか、すき焼きを食べたいと思ったら、自分でこしらえて自分で食べるしかない。うちの奥さんがお友だちと中華料理を食べに行ったりするようなとき、そういう企《くわだ》てを果敢に断行する。昼の内から着々と材料を揃えておく。

僕は料理するのは嫌いじゃないので、それらを作ること自体には抵抗ないんだけど、牡蠣フライにしてもすき焼きにしても――おそらく同意していただけると思うのだが――黙々と一人で食べてあまり心愉《たの》しいものではない。すき焼きがとりわけ手持ちぶさたで、鍋の前で「もうそのへんの肉、いいみたいだよ」とか「焼き豆腐を足さなくちゃね」とか、所在なくつぶやきながら食べている。

ハンバーグ・ステーキやコロッケも、食べたければ自分で作るしかない。いつも多めに作っておいて、冷凍庫に放り込んでおく。食べたくなったら出してきて解凍し、焼いたり揚げたりして一人で食べる。中くらいの値段のワインを開け、テレビで野球中継を見たり、スタン・ゲッツの古いレコードを聴いたりしながら黙々と、飾り気もなく（言うまでもないことだが、キャンドルをともしたりはしない）、しかしそれなりに幸せにほくほくと食べる。

一度冷蔵庫が故障したことがあった。冷蔵庫の問題点はいつも唐突に壊れてしまうことだ。予告もなく、ふと気がついたら駄目になっている。折悪《あ》しくコロッケをまとめて作って冷凍したばかりだった。目の前でそれが刻々と自然解凍されていくのを目にするのは切なかった。腸捻転で苦しむ無垢な子猫を目の前にしているときのような心境だ。

やけになって、解凍されたものを片端から揚げて食べていったんだけど、胃袋の容量にも限度があるし……。

牡蠣フライといえば、なんといってもキャベツの千切りですね。実を言うと、僕はキャベツの千切りがわりに得意だ。さくさくと糸のように切り、丼に山盛りにして、一人でそっくり食べてしまう。基本的には、おかずはそれだけあればいい。山盛りの千切りキャベツと、揚げたてあつあつの牡蠣フライ。まだしゅんしゅんと音を立てている。あとは豆腐と白葱《しろねぎ》の味噌汁に、温かい白いご飯、ナスの漬け物。そうだそうだ、その前にタルタルソースを準備しておかなくてはね……ああいけない、こんなことを書いていたら、急にすごく牡蠣フライが食べたくなってきた。弱ったな。

今週の村上　山手線でまだ降りたことのない駅が三つありました。今度降りてみよう。

自由で孤独で、実用的ではない

もうこれで十五年くらいオープンカーに乗っている。シートが二つしかなくて、マニュアル・シフト。あまり実用的とは言いがたい代物だけど、妻をうまくいいくるめて、なんのかんのと三台ばかり乗り継いできた。この手の車がある生活にいったん馴染《なじ》むと、なかなか元の身体には戻れない。

オープンカーのどこが楽しいのか？　当たり前の話だけど、屋根がないことです。屋根がないから、見上げればそこに空がある。信号待ちのとき、僕はだいたいギアをニュートラルにして、ぼんやり空を眺めている。

晴れた日には青空が見渡せるし、鳥たちがそこを横切っていくのが見える。様々な樹木がある。多くの建物があり、窓がある。季節とともに風景は少しずつ変化していく。そうか、僕らは常日頃ほとんど空を見上げることなく生活しているんだなと、あらためて実感する。足もとのことはけっこう知っていても、頭上の風景については意外なくらい多くを知らない。

でもいちばん素敵なのは、流れ行く雲を眺めることだ。雲はいったいどこからやって来て、どこに行くのだろう？　そんなことをあてもなく思いなしていると、信号待ちも渋滞もさほど苦痛ではなくなる。ぼんやりして信号が変わったのに気がつかず、後ろの車にクラクションを鳴らされることはよくあるけど。

ただオープンカーは、女性にはあまり評判がよろしくない。風で髪が乱れるし、日焼けするし、まわりから注目を浴びやすいし、冬は寒いし夏は暑いし、トンネルに入ると会話することも困難になる。というわけで、僕の車の助手席にはあまり人が座ったことがない。おおむねいつも一人でぽけっと空を見上げている。見かけは派手かもしれないけど、オープンカーは意外に孤独な乗り物でもある。まあいいんだけどね。

高校時代にポール・ニューマン主演の『動く標的』という映画を見た。ニューマンの演じるロサンジェルス在住の私立探偵ルー・ハーパーは、ポルシェのおんぼろコンバーチブルに乗っている。奥さんには逃げられ、仕事には恵まれず、そろそろ中年の域に差しかかり、朝いちばんのコーヒーの粉さえ切らしている。決まって二日酔いで、朝目覚めるとテレビが昨夜からつけっぱなしになっている。

でもその塗装のはげたオープンカーに乗ってカリフォルニアの陽光を浴び、髪を海からの風になびかせると、彼はもう一度生き返ったような気持ちになる。そしてサングラスをさげてクールな笑みを浮かべる。少なくとも俺は自由なんだ、と彼は思う。そんな冒頭シーンが印象的だった。何度もその映画を見た。

言うまでもなく、今も昔もポール・ニューマンからはほど遠い地点にいるけれど、僕にも彼の感ずるところはわかる。「自由になる」というのは、たとえそれが束の間の幻想に過ぎないとしても、やはり何ものにも替えがたい素敵なことなのだ。

僕がオープンカーを運転しながらよく聴くのは——しばしば一緒に声を上げて歌うのは——エリック・バードン&ジ・アニマルズの『スカイ・パイロット』。本当にいいんだ、これが。

今週の村上　上越道を走っていて「心にブレーキを、健康にまいたけを」という看板を見かけました。結構難解だった。

おおきなかぶ

「おおきなかぶ」というロシア民話がありますね。幼稚園のお遊戯の定番になっていて、そのせいかYou Tubeをあたってみると、全国いろんな幼稚園の「おおきなかぶ」公演（というか）を心ゆくまで鑑賞することができる。すごく単純な話なんだけど、そこには何かしら子供たちの心を惹きつけるものがあるのだろう。

ただ僕は前から疑問に思っているんだけど、この話は蕪《かぶ》がやっとこさ抜けました、というところで終わっている。でも抜いたあとの蕪はどのように処理されたのだろう？　たぶんおばあさんがそれを料理して、手伝ってくれたみんなに振る舞ったんじゃないかと想像するんだけど、でもそれはおいしかったのだろうか？　僕の経験から言うと、異常に大きく生育した野菜は多くの場合大味でおいしくない。

みんなで一汗かいて、テーブルを囲んでその蕪を食べてみたら「まずい、たまんない」みたいなことになって、わざわざ呼び出されたネズミなんかも「なんだよ」とか文句を言い出して、そういう不満があちこちで集まって、その数年後にはロシア革命が起こり

ました……なんて話にはならないですよね、まさか。

日本の「今昔物語」にも大きな蕪の話があります。今は昔、京から東国に向かう男があった。夜中にある場所を通りかかったとき、突然激しい性欲に襲われ、「駄目だ、もうどうにも我慢できんぞ」という困った状態になった。ちょうど近くに蕪畑があったので、そこに入って大きな蕪をひっこ抜き、穴を開けてその蕪とナイスな感じで交わった（幼稚園のお遊戯には向かない）。数分後「ああ、すっとした」と男はその蕪を畑に放り出し、旅を続けた。蕪には気の毒だけど、まあそのへんの少女をレイプしたりするのに比べたらはるかに罪がないです。

翌朝、畑の持ち主の娘（15歳）がそこにやってきて、その放り出された大きな蕪を見つけた。「あら、なんでしょう、穴なんか開いちゃってて」とか言いながら、それを食べてしまった。するとそれから数カ月して、お腹がぽっこり膨らんできた。明らかに妊娠している。両親は「お前、なんというふしだらなことを」と怒るんだけど、娘には身に覚えがない。

「そういえば、この前畑に落ちていた穴の開いた蕪を食べて、それから気分が悪くなり、こんなことになってしまいました」と娘は泣きながら言った。両親はそんな説明ではとても納得できないけど（普通できないですよね）、生まれてきたのは美しい赤ん坊だったので、「ま、いいか」と可愛がって育てた。

やがて東国で出世した男が京に帰る道すがら、その畑の前をまた通りかかった。そしていろいろあって、自分が五年前に犯した蕪が、不思議な経緯をたどって当家の娘を妊娠させ、子供が生まれたことを知った。「おお、これも何かの縁だ」ということで二人は結婚し、末永く幸せに暮らしました。

変な話ですよね。何度読んでもすごくシュールだ。教訓も何もない。あるいはどれほど性欲が高まっても野菜とはみだりにセックスしない方がいい、蕪にだって人格はあるぞ、というのがこの話の教えなのか？　ロシアと日本とでは、同じ蕪の話でもずいぶん違うものですね。

今週の村上　「なんか変だけど、ま、いいか」と思っちゃう国民性は革命には向かないのかもね。

こっちのドアから入ってきて

ときどき「村上さんはどういう読者を設定して、連載エッセイを書いているのですか?」と尋ねられる。そう言われてもわりに困る。というのは「アンアン」の中心読者は二十代の女性ということなんだけど、僕は二十代の女性がどんな人たちなのか、何をどう考えているのか、具体的な知識をほとんど持ち合わせてないからだ。僕のまわりのアシスタントや編集者の女性たちも、若くてせいぜい（失礼）三十代だ。

そんなわけで、読者を設定しようにもやりようがない。だから面倒なことは抜きにして、とにかく自分の書きたいことを書きたいように書く、それだけを心がけている。なんかずいぶん自分勝手なことをしているみたいだけど、ほかにやりようもないので。すみません。

でも逆に僕にしてみれば、読者を設定することを最初から放棄しているぶん、素直に自然に文章を書くことができるみたいだ。「こういうことを書かなくては」という枠がないから、のびのび手足が伸ばせる。まあそれが僕がこのように「アンアン」で連載を

することになった理由のひとつでもあるんだけど。

おにぎりで言えば、お米を選んで注意深く炊きあげ、適当な力をこめて簡潔にぎゅっと握る。そういう風に作られたおにぎりは、誰が食べてもおいしいですよね。文章も同じで、それがしっかり「握られ」てさえいれば、性差や年齢差を越えて、そこにある気持ちはわりにすんなり伝わっていくものではないかと、まあ楽観的に考えています。間違っていたら申し訳ないけど。


僕自身の二十代はかなりどたばたした忙しいものだった。普通の人は学校を卒業し、就職をし、それから結婚するものだけど、僕の場合はまったく逆で、結婚してから仕事を始め、そのあとで大学を卒業した。むちゃくちゃといえばむちゃくちゃなんだけど、結果としてそういう順番になっちまったんだからしょうがない。ピアノの発表会じゃあるまいし、「すみません。間違えました」と言って、もう一回あたまからやり直すわけにもいかない。

そんなわけでよくわけがわからないうちに、僕の二十代はあたふたと過ぎ去ってしまった。それはこっちのドアを開けて入ってきて、そのままあっちのドアから出て行ってしまった。その十年間で覚えていることといえば、毎日よく働いていたこと、常に借金に追われていたこと、たくさんの猫を飼ったこと、それくらいだ。そのほかのことはほぼ記憶にない。立ち止まってものをじっくり考えるような時間の余裕もなかった。自分が幸福なのか幸福でないのか、そんな疑問すら頭に浮かばなかった。

だから世代とは関係なく、世間一般の人にとっての二十代がどのようなものなのか、僕にはうまくイメージがつかめないでいる。それは楽しい青春の延長線上にあるものなのだろうか、それとも自分を社会に適合させていくための苦々しい過程に過ぎないのだろうか？　それとも「世間一般」なんてものはそもそもそこには存在しないのだろうか？

あなたの二十代はどんなものなのでしょう。あるいはどんなものだったのでしょう。それは正直なところ、僕にとってはけっこう真剣に知りたい問題なのです。

今週の村上　ベルリンで「ベジタリアンのためのバーガーショップ」というのを見かけました。入って食べてみたら意外においしかった。

アボカドはむずかしい

世の中にはむずかしいことがたくさんある。たとえば学芸大学前から新木場まで、地下鉄をどのように乗り継いで行けばいちばん速く着けるか、というのも難度の高い問題のひとつだ。でも世界でいちばんむずかしいのは、アボカドの熟《う》れ頃を言い当てることではないかと、個人的には考えている。世界中から優秀な学者を一堂に集めた「アボカド熟成告知のためのシンクタンク」なんてのがあってもいいくらいのものだ。誰かそういうシンクタンクを立ち上げてくれませんか？　くれないだろうな。

何はともあれアボカドの問題点は、外から見ても触っても、それが食べ頃かまだ食べ頃じゃないか、まずわからないところにある。「もういいかな」と切ってみたら、まだ堅かったり、「まだだめだろう」と思って放っておいたらぐずぐずになってたりする。これまでずいぶん多くのアボカドをあたら無駄にしてしまった。

でも世間にはいろんな特殊な才能を持った人がいる。ハワイのカウアイ島ノースショアに在住して長篇小説を書いていたことがあるが、近くにキラウェアという町があった。

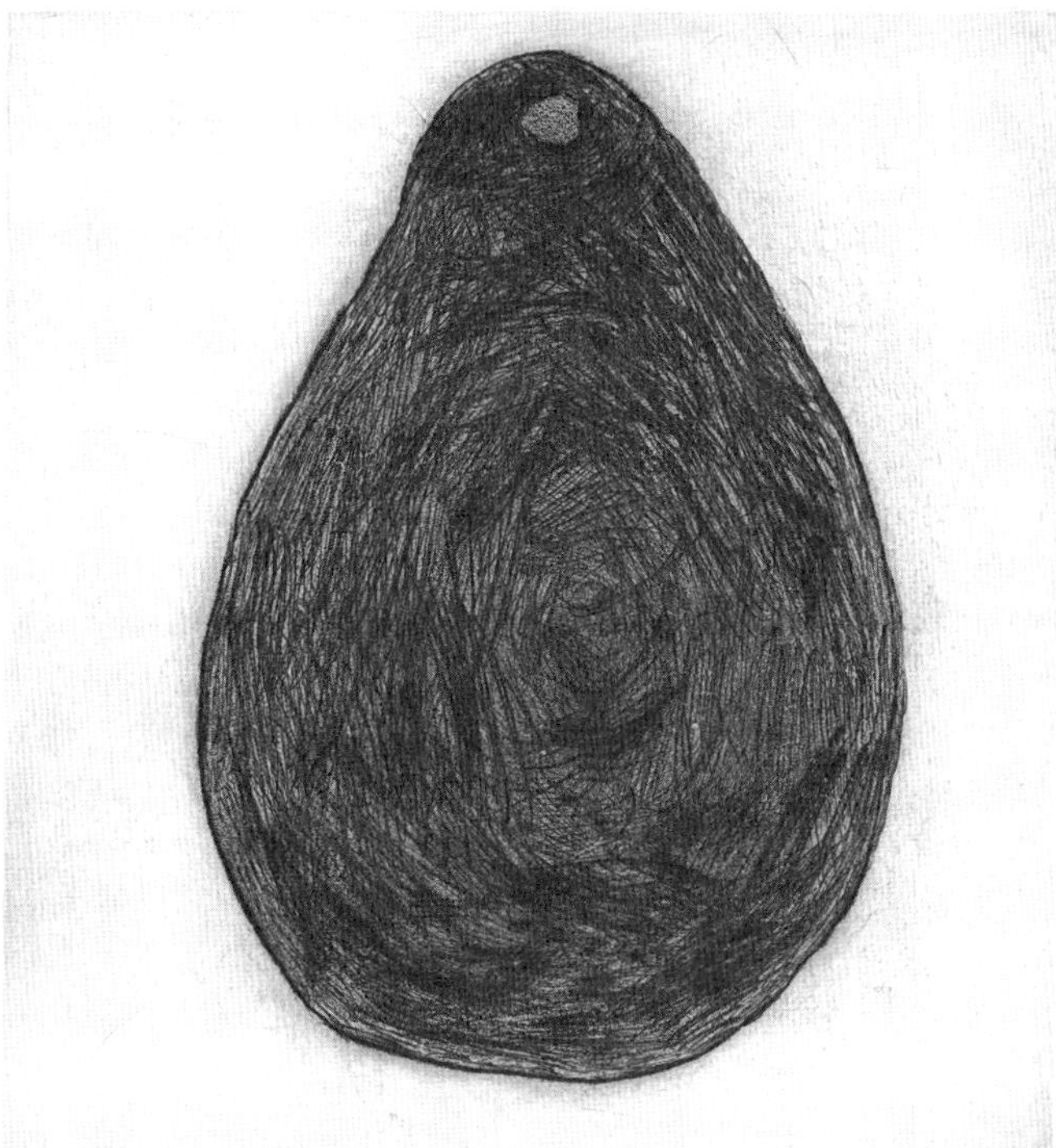

車なら一分もあれば通り抜けてしまえるような小さな町だ。このキラウェアの、灯台に向かう表通りをちょっと右に入ったところに、小さなフルーツ・スタンドがあって、ここで各種果物を売っている太ったおばさんは、アボカドの熟れ具合をほぼ完璧に言い当てることができた。

「これはあと三日」「これは明日のうちに食べてね」とかアボカドを買うたびに教えてくれるのだが、これが感動的なまでにぴたりと当たる。もう超能力と言ってもいいくらいのものだ。僕はそのピンポイントの正確さに感動して、だいたいいつもここでアボカドを買っていた。ほかのスタンドの人たちの「食べ頃」の指示はおおむねでたらめだった。

アボカドといえばなんといってもカリフォルニア・ロールだけど、サラダにしてもおいしい。キュウリとタマネギとアボカドを混ぜた、しょうがドレッシングのシンプルなサラダはうちの定番になっている。一時は毎日のように食べていた。

昼のあいだに集中して小説を書き、日が暮れるとときどき、このキラウェアの町にある小さな映画館に映画を見に行った。この映画館は残念ながら二年ほどで閉館してしまったけど。

クリント・イーストウッド監督の『ミスティック・リバー』をここで見た。すっごく面白い映画だったんだけど、終わりに近いところで突然フィルムが炎上してぷつんと切れてしまった。「もうちょっとなのに、こんな肝心なところでまったくもう……」と憮然《ぶぜん》としていると、誰かが立ち上がって両手をあげ「おい、いったい犯人は誰なんだよ（Hey, who's done it ?)」と叫んで、みんなが——といってもせいぜい二十人くらいなんだけど——爆笑した。

そういえば昭和三十年代の日本の映画館にも、こんな親密な雰囲気があったよなあと、懐かしく思った。でもミステリー映画の結末がわからないのはやはりつらいですよね。たとえ入場料を払い戻してもらったとしても。

そんなわけでアボカドを見ると、結末のわからなかった『ミスティック・リバー』のことをつい思い出すことになる。

今週の村上　アボカド天丼みたいなのがあったら食べてみたいんだけど、どこかありませんかね？

スーツを着なくちゃな

僕は昔からずっと自由業者なので、スーツを着る機会はほとんどない。「ネクタイをする必要はないのだが、ネクタイというものが根っから好きなので、毎日必ずしめる」という方も、あるいは世間におられるかもしれないが、僕のまわりには一人もいないし、もちろん僕だってそんなことしない。ネクタイって、慣れないとけっこう苦しいんですよね。夏は暑いし。

でもそんな僕も、ローマに住んでいるときには、よくスーツを着てネクタイをしめた。なぜかというと、ぱりっとした格好をしていかないと、レストランで良い席に案内してもらえなかったから。イタリアはそういうところはとてもはっきりした国だ。服装で人を見る。着ている服の質や、着こなしで人の地位を判断し、対応する。だから何度かひどい目にあったあとで、うちの奥さんの強い希望もあり、しかるべきレストランに行くときには、必ず上着を着用し、ネクタイをしめるようになった。せっかく食事をするのに、布団部屋みたいなひどいテーブルに案内されたくないから。

だからイタリアに住んでいるときには、レストラン対策として何本もネクタイを買った。アルマーニとかミッソーニとかヴァレンティノとか。まあ、現地で買ったから安かったけど、今となってはまったくの持ち腐れだ。

日本では、イタリアほどは身なりで差別されないので、スーツを着る習慣はあっさり消えてしまった。年に一度か二度、着ればいい方だ。とはいえこれでもいちおう社会人だから、スーツを着なければならない状況が急に出現したりもする。それぞれの季節と用途にあったものは一通り揃えておく必要がある。そんなわけで、ときどき意を決してスーツを買いに行く。お金もかかるし、ほんとめんどくさいよな、とか思うんだけど、まあしょうがないです。

で、スーツを買いに行くときにはスーツを着ていきます。短パンにサンダルという格好で店に入って、スーツを選ぶのはなかなかむずかしいから。いちおうスーツを着てネクタイをしめ、革靴を履いて、頭の中をぱりっとスーツ・モードにしてから、スーツを買いに行く。

でもよく考えてみると、僕がスーツを着るのって、このシチュエーションがいちばん多いみたいだ。つまり早い話、スーツを買いに行くときに着るために、スーツを買っているようなものだ。ずいぶん筋の通らない話ですよね。

　これまで買ったスーツの中で僕の記憶にいちばん残っているのは、「群像」という文芸誌で新人賞をもらったとき、授賞式に着ていったものだ。僕はそのとき三十歳で、スーツなんて一着も持っていなかったから、青山のVANショップ（今のブルックス・ブラザーズのあたりにあった）に行って、オリーブグリーンのコットン・スーツを買った。初夏のことだ。ベージュ系のシャツと、茶色のニットタイも買った。革靴を買うお金まではなかったので、色褪せたコンバースのスニーカーを履いていった。スーツをたまに着ると今でも、このときのコットン・スーツのことをふと思い出す。

　せっかく持ってるんだから、もっとちょくちょくスーツを着なくちゃな、とたまに思うんだけど、まあなにせ面倒で……。

今週の村上　それはそうと「リンネの日記」なんてのがあったら、話はきっといつまでたっても終わらないですね。

並外れた頭脳

世の中には、どう転んでもかなわないというすごい人がいる。そんなにいっぱいではないけど、たまにいる。

たとえばロバート・オッペンハイマーがそうだ。オッペンハイマーさんのことは知ってますか？　第二次大戦中、核爆弾開発の中心となったユダヤ系アメリカ人の物理学者で、「原爆の父」と呼ばれている。ずいぶん前に亡くなったし、僕も直接お目にかかったことはないけど、並外れた頭脳として世界に名を馳《は》せた。

たとえば彼はあるときダンテを原書で読みたいと思い立ち、ただそれだけのために一カ月でイタリア語を習得した。オランダで講義をすることになって、「じゃあまあ良い機会だから」と六週間勉強し、オランダ語が流ちょうにしゃべれるようになった。サンスクリット語にも興味を持ち、『バガヴァッド・ギーター』を原典で読みふけった。とにかく興味のおもむくまま、少し意識を集中するだけで、たいていの物事はすんなり習得できてしまう。普通の人にはそんなことまずできないですね。彼が天才であることは、

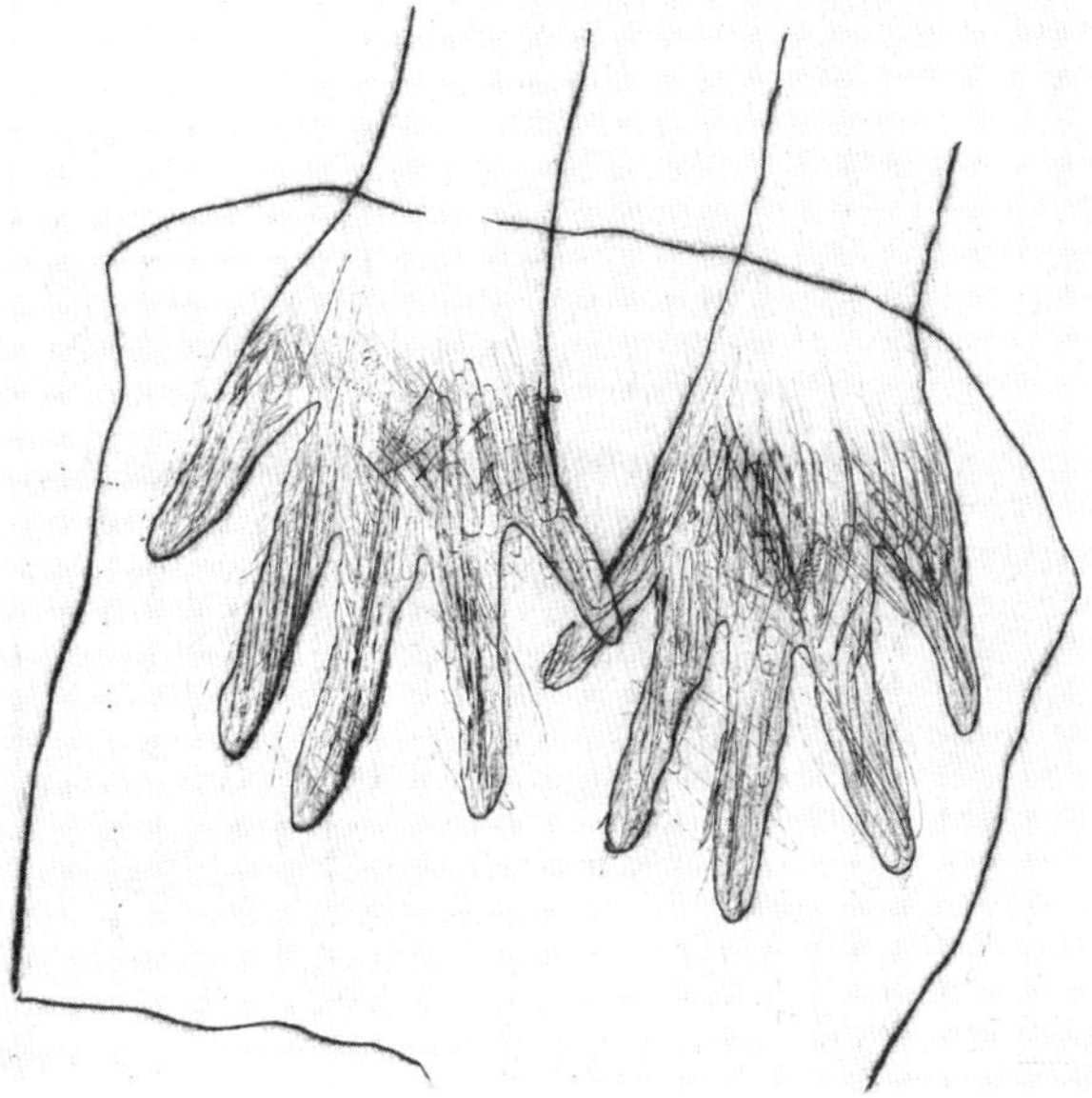

誰がどこから見てもすぐにわかった。

ただしそんな彼にも政治的なセンスだけは欠けていた。夢中になって原子爆弾をこしらえたのはいいけど、その実験を目の前にして「私はなんという恐ろしいものを作り上げてしまったのか」と真っ青になった。広島に原爆が投下されたあと、当時のトルーマン大統領に向かって「私の両手は血に濡れています」と言った。大統領は表情ひとつ変えず、きれいに折り畳んだハンカチを差し出し、「これで拭《ふ》きたまえ」と言った。政治家ってすごいですね。

語学は楽器の習得に似ている。もちろん努力も大事だけど、生まれながらの才能資質が大きくものを言う。僕のまわりにもそういう能力に恵まれた人が何人かいて、少し勉強すればすらすら外国語がしゃべれるようになる。英語とフランス語とドイツ語とスペイン語とスウェーデン語と広東語と日本語と韓国語がいちおう不自由なくしゃべれる、なんていう人を見ると、我が身が情けなくなる。

僕は学校で英語とドイツ語を学び、個人的に先生についてフランス語とスペイン語とトルコ語とギリシャ語を勉強したけど、なんとか身についているのは英語だけ。あとはほとんど忘れてしまった。フランス語で今すぐ出てくるのは「生ビールをください」と「それは僕のせいじゃない」くらい（いったいどういう組み合わせだ？）。

でもオッペンハイマーさんの伝記を読んでいると、「天才じゃなくてよかったなあ」とつくづく思う。彼は大量破壊兵器を世に送り出したという心の重荷を抱えつつ、残りの人生を送らなくてはならない。なんとかその埋め合わせをしようと努めるのだが、もともと向いていない政治の冷徹な世界に深く巻き込まれ、更に傷ついていく。

僕はもちろん「並外れた頭脳」というところからはほど遠く、覚えるよりは忘れることの方が多いくらいだけど、おかげさまでというか、そんな過酷な目にだけはあわずに済んでいる。生ビールを飲み、適当な言い訳をしながら日々を送っている。こんなのでいいのかなあと考え込むことはあるけど、ま、いいか。

今週の村上　「それは僕のせいじゃない」はカミュの『異邦人』を読んだときに覚えました。みんな太陽が悪いんだ。

『スキタイ組曲』知ってますか?

前にも書いたけど、僕は古いアナログ・レコードを集めています。こういう人は一般に「ビニール・ジャンキー」と呼ばれている。CDにはほとんど興味がないし、ダウンロードなんて「どこの世界の話?」みたいなことになる。

ブレット・ミラノ著『ビニール・ジャンキーズ』(河出書房新社)という本があり、これを読んでいると「ああ、そうだよな」と思わず肯《うなず》く箇所がいくつもある。この著者の蒐集《しゅうしゅう》はロック・ミュージックが中心だけど、音楽分野とは関係なく、ビニール蒐集家には世界共通のメンタリティーがある。

この本の最初にプロコフィエフの『スキタイ組曲』の話が出てくる。マーキュリー・レコードから出たアンタール・ドラティー指揮ロンドン交響楽団の演奏で、吹き込みは一九五七年。世界で最初に発売されたステレオ・レコードの一枚にあたり、録音が素晴らしいことで知られている。レコードおたくが何人かボストン郊外に集まり、大型スピーカーの前でこの入手困難なレコードを拝聴するところから始まる。

「『縁を触ってみろよ。丸くてすべすべしている』パットがレコードの縁を指でなぞりながら言う。（中略）コート紙製のジャケットが丁寧に点検され、盤面の音溝が終わった黒い部分に目が凝らされる。そこに丸で囲んだI（アイ）の字が小さく入っている。これはインディアナポリスのIで、このレコードがRCAのインディアナ工場でプレスされたことを意味する。つまり純正のドラッグと同じように、安っぽい混ぜものや手が加わっていないのだ」

こんな些細《ささい》なことで大幅に一喜一憂する心境って、ジャンキー以外の人にはまず理解できないですよね。でも幸か不幸か僕には理解できる。ちなみにこのLPのオークション相場はだいたい百ドル前後だ。

実を言うと僕もこのドラティー『スキタイ組曲』のレコードを所有している。音溝の終わりにはIの字も刻印されている。僕はジャズ・レコードの蒐集がメインだけど、中古レコード店に行ってめぼしい収穫がないと、時間が余るからついクラシックの箱をのぞいてしまう。そして「こんなことしてちゃ泥沼だよな」と思いつつ、面白そうなものが適価であれば買い込むことになる。『スキタイ組曲』もそんな一枚だ。値段も安かったし（三ドル）、この本を読むまではそれほど貴重なものとも知らなかった。
でも演奏は見事だし、音も素晴らしく、五十年以上昔に録音されたものとはとても思えない。大きなスピーカーの前に座って聴くと、その率直なワイルドさに今でもぶっ飛びます。荒削りでマッシブな重量感は、現代の洗練された録音からはなぜか失われてしまったものだ。

「音楽はいったんだますようにおだやかになったあと、銅鑼《どら》が加わって、再び雷がとどろく。『これだ、これこそヘヴィメタルだ』モノマンが大きな声で言い、それがヴォーカルパートのように曲と調和する。『よく聞けよ、レッド・ツェッペリン。おまえらはへなちょこだ！』」

たかが一枚のレコードでこれだけストレートに興奮できたら、それはひとつの至福だと思いませんか。思わない？　いや、それで別にいいんですけど。

今週の村上　このあいだふらっと奄美大島に行って、暇だったので海岸でずっと貝を拾っていました。けっこう飽きないですね。

決闘とサクランボ

サクランボは好きですか？　僕の場合、もともととくに好きではなかったんだけど、高校時代にプーシキンのある短篇小説を読んで、それ以来すっかり好物になった。一時期はサクランボばかり食べていた。

どうしてプーシキンを読んでサクランボをよく食べるようになったのか、とあなたは尋ねるかもしれない。あるいは尋ねないかもしれない。でもいちおう尋ねるものとして話を進めます。「おまえがサクランボを好きになろうが、スイカを嫌いになろうが、そんなことどうでもいい。忙しいんだから」という方は、この先を読まなくていいです。それほど多忙な人はまあ、最初からこんなエッセイ読んでないだろうけど。

プーシキンに『その一発』という短篇小説がある。十九世紀のロシアの話。青年士官シルヴィオは、新任の士官とどうしてもそりがあわない。新任の士官はハンサムで育ちが良く、若くて金持ちで頭も良く、性格も陽気でみんなに好かれる。すぐに部隊の花形になり、舞踏会では女性たちが彼のまわりに群がる。シルヴィオはかつてはそれなりに

目立つ存在だったのだけれど、今ではその新任の士官にすっかりお株を奪われ、当然のことながら面白くない。

二人は軽い衝突を繰り返した末に、とうとう決闘ということになる。十九世紀のロシアでは決闘はそんなに珍しいことではない（プーシキン自身、決闘で命を落とした）。シルヴィオは緊張した面持ちで早朝の決闘の場に臨むのだが、相手のハンサムな士官はサクランボを食べながら、どうでもよさそうな顔つきでその場にやってくる。サクランボを入れた軍帽を手に、ひとつ食べてはふっと気楽に種を吐き出す。

それを見てシルヴィオは更に頭に血が上る。命をかけたこの果たし合いも、相手にとっては日常の一こまでしかないのだ。自分が今朝このまま命を落とすかもしれないということすら、人生の些細なエピソードに過ぎないようだ。シルヴィオはひどく侮辱されたように感じる。

まずハンサムな士官がピストルを撃ち、外す。今度はシルヴィオが撃つ番だ。でもそこに至っても、相手は無頓着にサクランボを食べ続けている。シルヴィオは構えた銃を下げる。「この一発を撃つ権利を、私は保留したい」と彼は言う。死の恐怖を感じない相手を射殺したところで、そこに何の意味があるだろう。

そこから話はどう展開するか？　面白い小説なので、もし興味があったら自分で読んでみてください。この手の話の結末を明かすわけにはいかない。

この話を読んでから、よくサクランボを食べるようになった。僕は舞踏会で女性に取り巻かれることもなく、決闘騒ぎを引き起こすこともなかったけど、サクランボを食べるときはいつもこの小説を思い出して、死を恐れぬ若者の気持ちを（いくぶんは）気取ることができた。サクランボを入れた紙袋を手に、それを悠然と食べながら街を歩いたり、バスに乗ったり、映画を見たりした。今でもたまにサクランボを食べるけど、どれほどクールにふっと種を吐き出しても、昔のように「怖いもの知らず」という気持ちにはなれない。たぶん実際にいろんな怖いものを目にしてきたせいだろうな。

今週の村上　伊丹空港にグリコのランナーの看板があり、「ぼくといっしょに写真とりまへんかー」と書いてあった。もちろんとったけど。

カラスに挑む子猫

千駄ヶ谷の裏道を散歩しているとき、カラスにけんかを売っている子猫を見かけた。大きなカラスが何匹か樹木の枝にとまり、一匹の白い小さな子猫がそれに向かって挑みかかっていた。もちろんカラスの方が図体が大きく、力も強く数も多い。くちばしも鋭い。だから本格的な争いになったら、子猫に勝ち目はない。全然ない。でも猫は真剣にうなりながら、果敢に枝を上っていった。どうしてそんなことをするのか、事情はわからない。何かよほど腹に据えかねることがあったのかもしれない。

いずれにせよ、カラスの側にはけんかを買うつもりはまったくなく、猫がやってくると「かあ」とからかうように鳴いて、近くの別の枝にひょいと移動するだけだ。猫はめげずに別のカラスに挑むのだが、そのカラスもまた「かあ」と鳴いて別の枝に移動する。適当に猫をあしらっている様子がありありとわかる。

僕はそのとき暇だったので(たいてい暇なんだけど)、しばらくそこで成り行きを見物していた。ときどき「おい、がんばれよ」と子猫に声をかけたりもした。こうなると

ほとんど、痩《や》せガエルを応援した小林一茶状態だ。

相手が人間の子供で、僕が昔の剣豪だったりしたら、「お前はなかなか見どころがありそうだ。武者修行の供にしてやるから、ついて参れ」とか言うところなんだけど、僕はもちろん剣豪ではないし、相手はただの猫なので、そういうこともできない。

何はともあれ猫は必死に追いかける、カラスは相手をじらしておいてから、羽を広げてひょいと逃げる、その果てしのない繰り返しなので、さすがに見物するのも飽きて、その場をあとにした。それからどうなったかはわからない。怪我《けが》をしてなければいいのだけど。まったく世間知らずの無謀な子猫だ。

でも考えれば、僕だって若い頃は似たようなものだった。「相手が悪い。勝ち目はないよ」と言われても、そこに何か偉そうなものがあると、尻尾を立ててけんか腰で向かっていくところがあった。自慢しているわけじゃなく（あんなことしなきゃよかったなと、今になって反省することもたくさんあります）、それがただ僕のネイチャーだったということだ。持って生まれた性格。変えようがない。見かけによらず（というか）頭に血が上りやすい。おかげであちこちで手痛い目にあった。

僕にとってのカラスの群れとは、ひとことで言えば「システム」だった。いろんな権威を中心に据えた枠組み。社会的な枠組み、文学的な枠組み。当時それはそそり立つ石壁みたいに見えた。個々の力では歯が立たない頑丈なものとして、それはそこにあった。でも今ではあちこちで石が崩れ、壁としての役目を十分果たせなくなっているみたいだ。

それは歓迎すべき状況なのかもしれない。ただ正直なところを言えば、システムが頑丈だったときの方が、けんかはしやすかった。つまり、カラスがきちんと高い枝にとまっていたときの方が、構図は見えやすかった。今は何が挑むべき相手なのか、何に腹を立てればいいのか、もうひとつつかみにくいですよね。まあなんとか目をこらしてやっていくしかないんだけど。

今週の村上　小田原厚木道路の「シカ注意」の看板が「動物注意」に突然変わった。さて、何が出てくるんだろう？

男性作家と女性作家

書店の小説コーナーに行くと、「男性作家」の棚と「女性作家」の棚が分かれていることが多い。僕の書いた本はもちろん男性作家の棚に入っている。あいうえお順で、だいたい宮本輝さんと村上龍さんに挟まれている。

「そんなこと当たり前じゃないか」と言われそうだけど、僕の知るかぎり、外国の書店で著者男女別に書棚が分かれていることはまずない。アフリカとかイスラム諸国の書店事情まではわからないけど、少なくとも欧米でそういう分類を見かけたことはない。男女の別なく同じ棚に、アルファベット順に並んでいる。日本ではこうなんですよと言うと、みんな驚く。

「日本では男性読者の多くは男性作家の本を読み、女性読者の多くは女性作家の本を読む傾向が強いみたいです」と説明するんだけど、「もしそうだとしても、男女作家を分けて並べる意味がいったいどこにあるんですか?」と尋ねられる。そう言われると、うーん、たしかに意味なんてないかもなと僕も思う。

というか、女性作家と男性作家の本を切り離すことによって、女性が女性作家を好んで読み、男性が男性作家を好んで読むという傾向がますます助長されるかもしれないし、それはきっとあまり健全なことではないですよね。銭湯じゃないんだし、男女入り交じっていろんな小説がひとつのところに並んでいる方が、自然なあり方であるような気がする。生殖器の構造こそいくぶん違え、同じ言語を使って、同じ世界の事象について書いてるんだから。

そのかわり（と言ってはなんだけど）外国の大きな書店には「ゲイ・レズビアン作家」コーナーがある。日本にはまずないですよね。ここを訪れる人のほとんどはゲイかレズビアンなのだろうし、「ゲイ・レズビアン小説」を求めて、つまり明確な目的意識を持って書店に来るわけだから、そのジャンルを独立した棚に並べておく必然性はありそうだ。日本の書店が男性作家と女性作家を分けるのとは事情が違う。

話は変わって、このあいだ近所の魚屋さんに行ったら、シシャモを男女（つまり雄雌）別に並べて売っていた。値段は雄の方がだんぜん安い。雌は子持ちで卵を持っているから、そのぶん価値が高いわけだ。雄はすっきりスリムで、見た目にはかっこいいんだけど、魚屋的にはそういう非メタボ性はまったく評価されない。

とはいえ、そんな安値でたたき売られるのはずいぶん気の毒だ。ひとごとながら一人の男として胸が痛む。つい同情して「こちらを下さい」と、いじめられる亀を助ける浦島太郎状態で、雄のシシャモを買ってきた。でもうちに帰って焼いて食べてみると、これがさっぱりおいしくないんですね。やっぱりシシャモは雌だなあとあらためて痛感した。

男性作家もこのような雄シシャモ状態にならぬよう、女性作家に負けずに旨味《うまみ》のある小説を書かないといけない。〆張鶴「純」を飲み、味けのない細身のシシャモをぽりぽりとかじりつつ、これという確かな脈絡もなく、一人そう自戒しました。

僕の小説の読者は昔から一貫して、だいたい男女半々です。そして女性読者にはきれいな方が多いです。いや、ほんとに。

今週の村上　アレサ・フランクリンが歌う『マイ・ウェイ』を先月聴き、初めて「へぇ、これけっこういい曲だったんだ」と思いました。

ジューン・ムーン・ソング

ビートルズが解散し、メンバーがそれぞれにソロ活動を始めてしばらく、ポール・マッカートニーは絶好調だった。次々にアルバムを送り出し、多くはヒットチャートの上位を飾った。それに比べるとジョン・レノンの活動はわりに地味だった。少なくとも商業的に大成功したとはいえない。このへんはまあ持ち味だからしょうがない。ポールの曲には誰にでも理解できるあっけらかんとした明るさがあり、ジョンの音楽にはある種の屈託が常にある。でもジョンにしてみればやはり面白くない。

そんな頃、ラジオから流れるポールの曲を聴いて、ジョンがぶつぶつ文句を言っていると、妻のヨーコさんが「気にすることないわよ、ジョン。ただのジューン・ムーン・ソングじゃない」と言って慰めた。隣で会話を聞いてたわけじゃないから、真偽の確かめようはないけど、そういう話を読んだことがあります。

「ジューン・ムーン・ソング」というのは、要するに気楽にほいほい作られた曲のこと。「六月」と「月」とでお手軽に韻《いん》を踏んでいる。そんなありきたりの音楽で世の中に受

け入れられたってしょうがないでしょう、とヨーコさんは言いたかったのだろう。

僕は個人的には、ポールの曲風のお気軽さがわりに好きだけど、それでもビートルズ時代の彼の音楽には独特に張り詰めたものがあった。ジョンとチームを組むことでお互いを刺激し、牽制《けんせい》しあい、そんな緊張感が生まれたのだろう。でも後年のポールの曲からはそのような深みが少し減った。またジョンの音楽からも、かつての「手放しの瑞々《みずみず》しさ」は薄れてしまったかもしれない。もちろん開放性や成熟がそれらにとってかわったというところはあるにせよ、ビートルズはそれだけ奇跡的なユニットだったんだ、ということになるだろう。今更僕がそんなこと言っても始まらないんだけど。


六月というとバートン・レインの作った『ハウ・アバウト・ユー』という曲を思い出す。

「僕はニューヨークの六月が大好きだ。君はどうだろう？　ガーシュインの曲（チューン）も大好きだ。君はどうだろう？」

ここでは「ジューン」と「チューン」が韻を踏んでいる。これもまあかなりお気軽ですね。あるいはヨーコさんに叱られるかもしれない。でもとても洒落た、チャーミングな歌だ。六月がやってくるといつも、フランク・シナトラが軽快に歌うこの曲が聴きたくなる。

アメリカで暮らし始めた頃、大学のジムの更衣室で服を着替えながら、まわりに誰もいなかったので、サム・クックの古い歌を無意識に口ずさんでいた。「Don't know much about history（歴史のことはよく知らない）」と僕が出だしを歌うと、三列くらい向こうのロッカーで、誰かが抜群のタイミングで「Don't know much about biology（生物学のこともよく知らない）」と続きを歌ってくれた。そのときに「ああ、そうだ、僕はアメリカに来てたんだ」とあらためてひしひし実感した。

これもとことんお手軽な韻の踏み方だけど、でも素敵な歌ですよ。タイトルは『ワンダフル・ワールド』。聴いていると、あるいは歌っていると、つい恋がしたくなる。

今週の村上　僕は「ハンマー」と「メンマ」で韻を踏んだ歌詞を書いたことがあります。これもお手軽なのかなあ？

ベネチアの小泉今日子

一九八〇年代半ばに、何年かローマに住んでいた。村上龍（さん）が仕事でイタリアに来ることになり、「なんか必要なものがあったら持っていくよ」と親切に言ってくれたので、「じゃあ、日本語の歌のカセットテープがほしいな」と言った。ソニー・ウォークマンがまだ新製品だった時代の話だ。あれこれ五本くらいテープを見つくろって持ってきてくれた。

その中で僕は井上陽水と小泉今日子のものが気に入って、よく聴いた。『ネガティヴ』と『バラード・クラシックス』。朝から晩までぴきぴきした、ローマ訛《なま》りのイタリア語ばかり聞いていたから、きっと耳がくたびれていたのだろう。日本語の響きは心地よかった。

少しあと、一人でベネチアを旅行することがあった。当時、個人的にずいぶんつらいことがあった。胸が息苦しく、意識がばらばらになったままひとつにまとまらないような状態だった。だから僕は思考の回路を閉ざし、頭をできるだけ空っぽにして、知らない街をただ歩きまわり、ウォークマンで同じ音楽テープを繰り返し聴いた。

春のベネチアは美しい場所だが、その旅行で覚えているのは、運河の水面から照り返す穏やかな光と、ヘッドフォンで繰り返される小泉今日子の歌くらいだ。でも何度も聴いたはずなのに、歌詞は思い出せない。メロディーと声は記憶にあるのに、言葉の内容は空白に近い。日本語の響きと、それが言葉として表すメッセージとのあいだに繋《つな》がりが結ばれていなかった——あるいはそういうことかもしれない。

でもむしろ繋がりを持たないことによってそれらの歌は、懐かしい暗号の切れ切れな響きとして、異国の地で僕を保護してくれた。そんな気がする。うまく説明できないんだけど。

この人生においてこれまで、本当に悲しい思いをしたことが何度かある。それを通過することによって、体の仕組みがあちこちで変化してしまうくらいきつい出来事。言うまでもないことだけど、無傷で人生をくぐり抜けることなんて誰にもできない。でもそのたびにそこには何か特別の音楽があった。というか、そのたびにその場所で、僕は何か特別の音楽を必要としたということになるのだろう。

ある時にはそれはマイルズ・デイヴィスのアルバムだったし、ある時にはブラームスのピアノ協奏曲だった。またある時それは小泉今日子のカセットテープだった。音楽はその時たまたまそこにあった。僕はそれを無心に取り上げ、目に見えない衣として身にまとった。

人はときとして、抱え込んだ悲しみやつらさを音楽に付着させ、自分自身がその重みでばらばらになってしまうのを防ごうとする。音楽にはそういう実用の機能がそなわっている。

小説にもまた同じような機能がそなわっている。心の痛みや悲しみは個人的な、孤立したものではあるけれど、同時にまたもっと深いところで誰かと担《にな》いあえるものであり、共通の広い風景の中にそっと組み込んでいけるものなのだということを、それらは教えてくれる。

僕の書く文章がこの世界のどこかで、それと同じような役目を果たしてくれているといいんだけどと思います。心からそう思う。

今週の村上　「若葉マーク」と「紅葉マーク」を並べてつけている車を見たことありますか？　あまり近寄りたくないですね。

あとがき

挿絵をさせてもらって

村上春樹さんがアンアン連載エッセイ『村上ラヂオ』を再連載されるとは夢にも思っていなかったので、前回のように私の版画で挿絵をとお話を頂いた時、うれしすぎてオロオロしてしまったのです。

10年前アンアン連載エッセイ『村上ラヂオ』担当で編集長だった現第二書籍部編集長の鉄尾さんは、今回も執筆のお願いをされたらしく「いってみるものだなあ」としみじみおっしゃっていました。現アンアン編集長熊井さんも現担当の郡司さんも、「すごい仕事だ」と思われたと思うのです。

そんなサプライズが、舞台裏にはあって、じつは特別の緊張感を持ちながら、仕事をそれぞれがしているのです（これには1年分収録でまだ連載中です）。こんな気持ちになる仕事はめったにないといってしまうと、他のはどうでもいいと思ってしているのかと叱られそうだけど、村上春樹さんの仕事は、我々にははっきり特別なのです。なぜ特別かというと、私はけっこう熱烈なファンだから。編集者の仕事からいえば、村上さんは世界的人気の作家なのに、あちこちにはお書きにならない、というかめったにエッセイや連載をされないからです。

きっとよその編集者の方々は、なんでアンアンで？　と思われているように思います。10年前のアンアン連載『村上ラヂオ』に版画の挿絵をさせていただいている時、何人もの編集者から「どうしてあなたなの？　どういういきさつであなたなの？」というような質問が多くありました。ながいことイラストレーターをしてきてそんな疑問はほぼ持たれた事がありませんでした。村上春樹さんは特別な作家さんだから、まわりの興味も強いのです。

舞台裏からいえば超ラッキーというういい方もできる仕事をさせてもらっているのですが、私の場合毎週いい絵が描けているかというとそんな事はありません。あれはよかったけど今週のはうまく描けていないというのも多いのです。でもせっかくこんな特別の仕事をさせてもらっているのだから、明日はいい絵を描きたいと思う事で続けさせてもらっています。

10年前の『村上ラヂオ』に続き、この2冊目もデザイナーの葛西薫さんがすてきな品のある本にしてくださいました。本文や表紙回りの初校を見せてもらい、『村上ラヂオ』の仕事をさせてもらった事を、あらためてうれしく思いました。今はただこの本が出来上がるのが待ち遠しい。

村上春樹さんありがとうございました。

大橋歩

この本は「anan」No.1680（2009年10月21日号)、No.1698（2010年3月3日号)、No.1701（2010年3月24日号）〜No.1750（2011年3月23日号）に掲載された連載「村上ラヂオ」を加筆修正してまとめました。

おおきなかぶ、むずかしいアボカド　村上ラヂオ2

二〇一一年七月七日　第一刷発行

著者　村上春樹　文
　　　大橋歩　画

発行者　石崎孟

発行所　株式会社　マガジンハウス
〒一〇四—八〇〇三
東京都中央区銀座三—一三—一〇
受注センター　☎〇四九—二七五—一八一一
書籍編集部　☎〇三—三五四五—七〇三〇

印刷・製本所　大日本印刷株式会社

装丁　葛西薫

ISBN978-4-8387-2250-1 C0095

おおきなかぶ、むずかしいアボカド　村上ラヂオ2

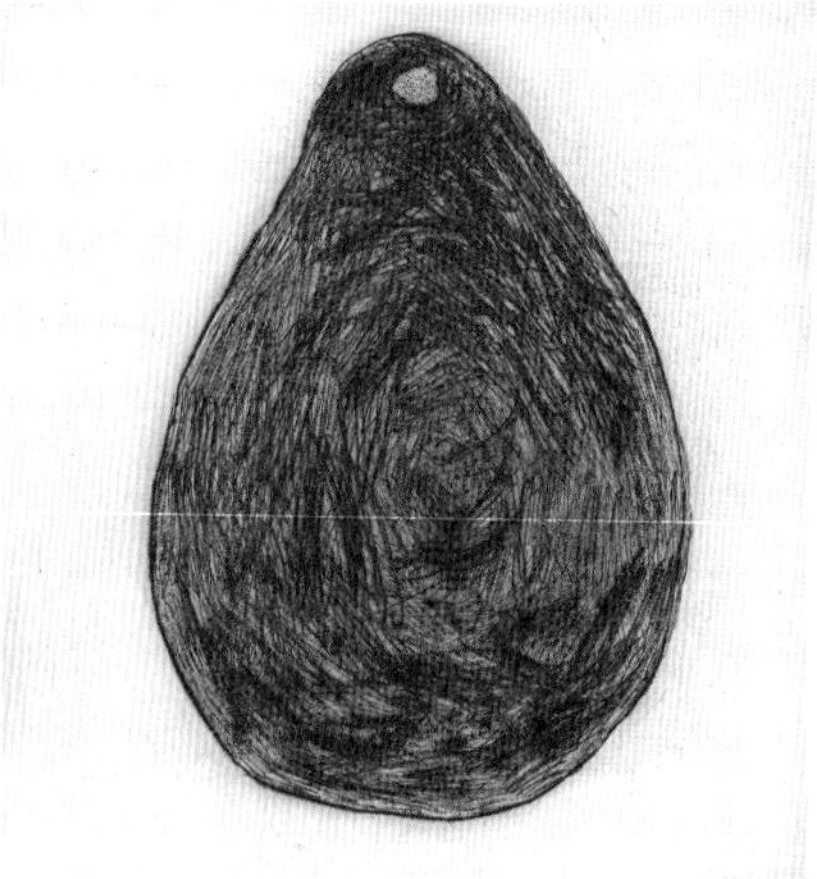

おおきなかぶ、むずかしいアボカド

村上ラヂオ2

村上春樹 文
大橋歩 画